Manfred Adams u. a.

# Drogenpolitik

Meinungen und Vorschläge von Experten





LAMBERTUS

Manfred Adams u.a.

# Drogenpolitik

## Meinungen und Vorschläge von Experten

Lambertus

Umschlaggestaltung: Christa Berger, Solingen
Umschlagfoto: Bernd Scholzen, Mönchengladbach
Herstellung: F. X. Stückle, Ettenheim
ISBN 3-7841-0437-1

# Inhalt

Bernhard Schmidtobreick

# Einleitung

Das Drogenproblem hat sich in der Bundesrepublik Deutschland und in ganz Westeuropa in letzter Zeit erheblich verschärft; Drogen werden zu einer ernsthaften Gefahr für unsere Gesellschaft. 1988 wurde mit 673 die bisher höchste Zahl an Drogentoten in der Bundesrepublik registriert; die Zahl der erstauffälligen Drogenkonsumenten und -straftäter ist nach allen bisherigen Erkenntnissen deutlich angestiegen; es wurden noch nie derartige Mengen an Rauschgift aufgegriffen: mehr als eine Tonne Heroin (+64%), Kokain (+66%) und Amphetamine (+42%) wurden sichergestellt. Die Schätzungen zur Zahl der Abhängigen allein von Opiaten mußten von 40000 bis 50000 in der Mitte der 80er Jahre auf inzwischen 60000 bis 80000 korrigiert werden. Trotz erheblich verstärktem Fahndungsaufwand ist festzustellen, daß in der Bundesrepublik illegale Drogen in einem riesigen Ausmaß und billiger als je zuvor vorhanden sind, und daß die Zahl der Drogenabhängigen trotz vieler therapeutischer Erfolge zunimmt.

Wird unsere Gesellschaft mit dem Drogenproblem nicht mehr fertig? Ist die Drogenpolitik gescheitert?

Das Drogenproblem hat sich zwar in den letzten Jahren verschärft, bei Einbeziehung längerer Beobachtungszeiträume relativiert sich jedoch die Dramatisierung. Die Zahl der erstauffälligen Drogenkonsumenten liegt zwar höher als in den vergangenen fünf Jahren, jedoch erheblich niedriger als gegen Ende der 70er Jahre. Die Zahl der Drogentoten des Jahres 1988 ist die bisher höchste, jedoch lag diese Zahl bereits 1979 bei über 600, in der Zwischenzeit wurden jedoch die Zählmethoden und die Erfassung wesentlich verbessert. Die Sicherstellungsmengen für Heroin, Kokain und Amphetamine liegen im Verhältnis zu den Vorjahren sehr hoch. Nach allgemeinen Schätzungen werden jedoch nur zwischen 3 und 10% der in der Bundesrepublik verbreiteten Mengen sichergestellt. „Steigerungszahlen" können also auch einfache Schwankungen im Anteil der sichergestellten

Mengen bedeuten und sind nicht unbedingt ein Beweis für den absoluten Anstieg der Menge an Rauschgift. Für diese Überlegung spricht die extreme Schwankung der sichergestellten Cannabismengen (10 t 1977, 3 t 1980, 11 t 1985, 3 t 1987), obwohl die regelmäßigen Gebraucher in allen Jahren gleichmäßig auf ein bis zwei Millionen geschätzt wurden.
Wichtig für die Einschätzung des Drogenproblems ist die Einstellung der Bevölkerung dazu. Eine sorgfältige Auswertung der einschlägigen Erhebungen seit Beginn der 70er Jahre zeigt, daß bei allen Drogen, insbesondere aber bei Heroin und Cannabis, ein deutlicher Rückgang in der Konsumbereitschaft eingetreten ist (Reuband). Diese zunehmend kritische Einstellung gegenüber Drogen und im übrigen auch gegenüber allen anderen Stoffen zur Befindlichkeitsmanipulation findet sich gleichermaßen bei Jugendlichen und Erwachsenen.

Ist das Drogenproblem mit den vorhandenen Instrumenten und Mitteln lösbar? Kann die bisherige Drogenpolitik unverändert weitergeführt werden?

Die Komplexität des Drogenproblems entzieht sich einfacher Antworten. Tatsache ist, daß unsere Drogenpolitik trotz eines dichten Netzes an Beratungs- und Therapieeinrichtungen, trotz eines beträchtlichen Aufwandes in der Prävention und trotz eines differenzierten Drogenrechts weder die Zahl der Drogenabhängigen noch die Zahl der Drogentoten reduzieren konnte. Die Drogenbegleit- und -folgekriminalität ist zu einem erheblichen gesellschaftlichen Problem geworden. Beim Kern der Drogenszene läßt sich eine immer stärkere gesundheitliche und soziale Verelendung feststellen. 15 bis 20 % der Heroinabhängigen sind HIV infiziert und werden in den nächsten Jahren an Aids erkranken. Die durchschnittliche Gefängniszeit bei Opiatabhängigen liegt zwei bis dreimal höher als deren Therapiezeiten.

Brauchen wir eine neue Drogenpolitik, Änderungen in den Strategien, neue gesetzliche Regelungen, bessere Therapieeinrichtungen, eine andere Prävention?

In den Fachgremien des Deutschen Caritasverbandes werden diese Fragen seit längerem beraten. Als einer der großen Träger der

Drogenhilfe in der Bundesrepublik mit über 200 Drogen- und Suchtberatungsstellen und fast 2000 Plätzen in Suchtfachkrankenhäusern und Drogentherapieeinrichtungen wird die Caritas täglich mit Drogenabhängigkeit konfrontiert, mit der Not der betroffenen Abhängigen, ihrer Eltern und Kinder. Kann eine Änderung der Drogenpolitik und des Drogenrechts zu einer Lösung des Drogenproblems beitragen? Diese Frage stellten wir ausgewählten Experten des Drogenrechts und der Drogentherapie in der Bundesrepublik mit der Bitte, uns eine kurze persönliche Expertenmeinung zukommen zu lassen. Die Antworten sollten dem Zentralrat des Deutschen Caritasverbandes als oberstem Beschlußgremium der Caritas für seine Beratungen in dieser Frage dienen. Die Auswahl der Experten wurde einzig nach der Quantität und Qualität ihrer praktischen und wissenschaftlichen Leistungen im Bereich der Drogenarbeit vorgenommen. Nicht alle angefragten Experten konnten in der vorgegebenen kurzen Frist eine Stellungnahme abgeben. Allen, die diese Mühe trotz ihrer vielfältigen Belastungen auf sich genommen haben, sei an dieser Stelle herzlich gedankt. Ein besonderer Dank geht an Professor Arthur Kreuzer, Gießen, für seine vielfältigen Anregungen. Sein eigener Beitrag wird in einem weiteren Sammelband „Utopien und Experimente – Entwicklungen in der Suchtarbeit“ veröffentlicht werden.
Die Fülle der konkreten Vorschläge, guten Ideen und fundierten Überlegungen war Anlaß, diese Erfahrungen als das wertvollste Kapital für Reformüberlegungen (Körner) in einem Buch zusammenzufassen und einer breiten Fachöffentlichkeit und den Entscheidungsträgern in Politik und Verwaltung zur Verfügung zu stellen. Dem Verlag ist für die unbürokratische und schnelle Verwirklichung und die qualifizierte Herstellung, trotz extremer Zeitnot, zu danken.

Welche Folgerungen sind zu ziehen, welche Erkenntnisse konnten gewonnen werden?

Vier grundlegende Thesen sind zu nennen:

1. Das Drogenproblem ist begrenzbar, aber nicht lösbar
Unsere Gesellschaft wird weiterhin mit Drogenmißbrauch und Drogenabhängigkeit konfrontiert sein, so wie sie auch weiterhin mit

Krankheiten und Behinderungen konfrontiert sein wird. Mit den staatlichen Regelungsinstrumenten lassen sich weder die Suchtmittel aus der Welt schaffen noch die Anlässe für den Gebrauch beseitigen. Es gibt keinen allgemein gültigen „Königsweg" zur Lösung des Drogenproblems (Winkler). Deshalb ist zuerst Bescheidenheit bezüglich des Anspruchs an die Regelung jeden sozialen Verhaltens angezeigt. Jede Omnipotenzphantasie in der Drogenproblematik ist zum Scheitern verurteilt (Kindermann). Diese Bescheidenheit ist schwer erträglich in einer Gesellschaft, in der alles für machbar und regelbar gehalten wird, wenn nur die richtigen Instrumente und die nötigen Mittel eingesetzt werden. Deshalb nimmt es nicht Wunder, daß lineare Strategien nach dem Ursache-Wirkung-Denken derzeit Konjunktur haben. Substitution oder Legalisierung der Drogen sind die Schlagworte. Bescheidenheit heißt jedoch nicht Resignation. Es müssen weiterhin alle Kräfte mobilisiert werden, die etwas zur Verbesserung der Drogensituation generell oder im Einzelfall beitragen können (Winkler). Es ist unsinnig und vermessen, dabei von hohen Erfolgsziffern oder gar einer absoluten Problemlösung auszugehen. Auch in anderen Lebensbereichen ist es so, daß trotz umfangreicher Bemühungen die Erfolgsziffern niedrig sind. Damit wird aber keineswegs die gesellschaftlich wichtige und wertvolle Aufgabe insgesamt in Frage gestellt. Ein Arzt, der nur 5 % seiner Krebskranken heilen kann, wird deshalb nicht seinen Beruf aufgeben, eine Partei, die 5 bis 10 % der Wähler erreicht, wird sich deshalb nicht auflösen (Körner).

## 2. Drogenpolitik muß in gleicher Intensität präventiv, repressiv und therapeutisch sein

Drogenpolitik reagiert auf das Drogenproblem mit Gesetzen, Aufklärung, Beratung und Therapie. Die Maßnahmen befinden sich hinsichtlich der Intensität ihrer Anwendung in einem Ungleichgewicht. Derzeit überwiegen die repressiven Strategien („Kampf den Drogen"), vernachlässigt werden vor allem die Prävention und die Forschung, aber auch Beratung und Therapie. Hier muß ein Gleichgewicht angestrebt werden, weil einerseits mit jeder eingesetzten Maßnahme und Strategie nicht nur erwünschte, sondern in gleicher Weise unerwünschte und ungünstige Wirkungen eintreten. In einer ausgeglichenen Vielfalt von Maßnahmen lassen sich jedoch negative Auswirkungen kompensieren oder durch systematisches Erproben, im Sinne eines adaptiven Vorgehens (Bühringer) reduzieren. Andererseits ist mit einseitigen Lösungsversuchen dem komplexen Problem nicht beizukommen. So wenig monokausale Erklärungsversuche dem Drogenproblem gerecht werden, so wenig sind auch monofinale Lösungsversuche erfolgversprechend. Es genügt nicht, nur die Drogenfreiheit des einzelnen betroffenen Individuums anzustreben; es genügt auch nicht, allein die Verfügbarkeit der Drogen einzudämmen und es genügt auch nicht, nur drogenpräventive Feldzüge zu stützen (Winkler).

3. Drogenpolitik sollte der Optimierung erprobter Strategien Vorrang einräumen vor konzeptionell unsicheren oder in der Wirkung unbekannten Maßnahmen

Derzeit werden viele radikale Veränderungen in der Drogenpolitik unter dem Eindruck der Bedrohung durch Aids gefordert. Dabei wird unterstellt, daß die bisherigen Strategien und Ansätze der Drogenarbeit versagt hätten. Dieses angebliche Versagen der Drogenarbeit wird zum einen am Anteil erfolgreich behandelter Abhängiger und zum anderen am Anteil der überhaupt durch therapeutische Maßnahmen erreichbaren Drogenabhängigen festgemacht. Die tatsächlichen Ergebnisse sind jedoch in beiden Fällen wesentlich besser als in der Öffentlichkeit bekannt. In seriösen Katamnesen werden in der Regel 30 bis 40 % Erfolg für diejenigen, die eine Therapie beginnen, nachgewiesen (Heckmann). Alle bisherigen Untersuchungen sprechen auch dafür, daß wesentlich mehr Drogenabhängige erreicht werden könnten, wenn nur genügend und ausreichend differenzierte Einrichtungen vorgehalten würden.
Die ganze Situation in der Drogenberatung und -therapie verlangt seit Jahren nach durchgreifenden Verbesserungen, die auch von den Fachleuten stets angemahnt wurden. Es ist ein Unding, daß in einer urbanen „Szene“ oft mehr polizeiliche V-Leute als Drogenberater anzutreffen sind (Ehrenstein).
Stattdessen erhalten diejenigen, die alles umkrempeln wollen, große Publizität (Heckmann). Die Komplexität des Drogenproblems und die Interdependenz der sozialen und politischen Bedingungen und Konstellationen läßt jedoch abrupte und radikale Änderungen als wenig sinnvoll und hilfreich erscheinen. Die Situation kann am Beispiel der Drogenfreigabe, die von Fachleuten bei uns und in anderen

Ländern vertreten wird, deutlich werden. Mit der geforderten Legalisierung von Drogen soll erreicht werden, daß einerseits die Drogenkriminalität und auch die Beschaffungsdelinquenz zurückgeht, andererseits der Finanzstrom des organisierten Verbrechens unterbrochen wird, weil einzig und allein die Illegalität die Profitmaximierung im Drogengeschäft sichere (Thamm). Diesen Überlegungen steht nicht nur entgegen, daß es keinen Anhalt und erst recht keinen Beweis dafür gibt, daß die Freigabe von Drogen zu dem erwünschten Ziel führt. Die Kriminalität würde möglicherweise nur verlagert und das organisierte Verbrechen wird sich kaum ersatzlos aus dem Drogengeschäft zurückziehen. Die illegalen Drogenhändler blieben uns nicht nur erhalten, sondern vermehrten sich (Körner). Die Überlegungen gehen vor allem aber von der falschen Grundannahme aus, daß die bisherigen Bemühungen der Drogenhilfe und Drogenprävention im wesentlichen gescheitert seien. Davon kann jedoch bei sorgfältiger Bestandsaufnahme keine Rede sein, auch wenn gleichzeitig gesagt werden muß, daß Stand und Entwicklung der bisherigen Handlungsansätze noch weit vom Optimum des heute bereits Realisierbaren entfernt sind.
Selbst wenn die Drogenlegalisierung zu den genannten Ergebnissen führen würde, so wären doch auch die möglichen und wahrscheinlichen Nebenwirkungen zu beachten, die gesundheitlichen und sozialen Risiken, die ein uneingeschränkter Gebrauch psychotroper Substanzen aufgrund ihrer Eigenschaften mit sich bringen würde. Von daher wirken pauschale Forderungen nach Freigabe von Drogen als nicht zu Ende gedacht (Lange).

### 4. Drogenpolitik muß die Schwerpunkte in offensiv-präventiven Akzenten setzen und sich lösen von der reinen Defensivstrategie

Der defensive Ansatz der Drogenpolitik ist zwar in vielfacher Hinsicht verbesserungsfähig, konzeptionell erscheinen seine Möglichkeiten jedoch ausgereizt. Grundlegende Änderungen sind, wenn überhaupt, nur von einer Erweiterung um ein offensiv-präventives Konzept zu erhoffen (Ehrenstein). In einem solchen offensiv-präventiven Konzept müssen zunächst die gesellschaftlichen Funktionen der etablierten und der illegalen Drogen begriffen werden. Dazu gehört auch die Verdrängungsleistung, die wir gegenüber dem Gebrauch legaler Drogen durch die strafrechtliche Verfolgung der illegalen Drogen erbringen (Kindermann). Erst auf dieser Basis kann eine ursachenorientierte Prävention wirksam werden. Im Bereich der allgemeinen und der suchtspezifischen Prävention sind die größten Defizite der Drogenpolitik festzustellen. Die Forschung und die Entwicklung und Erprobung neuer Methoden wurden in den letzten Jahren sträflich vernachlässigt. Von der notwendigen flächendeckenden und fachlich fundierten Aufklärung und Sozialarbeit in allen Bereichen der Jugendarbeit sind wir noch weit entfernt. Daß eine offensive Prävention Erfolg haben kann, ist an den Verhaltensänderungen beim Rauchen und in bezug auf Aids zu erkennen. Bemerkenswert ist auch, wie durch gute Aufklärungsarbeit eine neue Sensibilität für die Umweltbelastungen entstanden ist (Hünnekens). Selbst für die relativ geringen Maßnahmen der Drogenprävention der letzten Jahre lassen sich deutliche positive Effekte nachweisen, wie die zunehmend kritische und ablehnende Haltung gegenüber Drogen in den neueren Umfragen zeigt (Wanke).

Die Feigenblatt-Funktion des drogenbeauftragten Lehrers im 100-köpfigen Kollegium einer weiterführenden Schule muß jedenfalls hier nicht das letzte Wort sein (Ehrenstein).

Dieser offensiv-präventive Ansatz muß jedoch eingebettet sein in ein schlüssiges Gesamtkonzept der Drogenpolitik. Dazu gehört auch eine Verbesserung und Erweiterung der therapeutischen Angebote, die Entkrampfung in der Zusammenarbeit von Justiz und Sozialarbeit, wobei der Gesetzgeber endlich seiner Verpflichtung zur Schaffung eines tragfähigen Vertrauensschutzes in der Drogenhilfe (Zeugnisverweigerungsrecht) nachkommen sollte. Ein weiterer verbesserungsfähiger Eckpunkt der Drogenpolitik ist das Betäubungsmittelgesetz. Dieses sollte, ohne die fundamentale Substanz in Frage zu stellen (Adams), vorsichtig reformiert werden mit dem Ziel, einerseits den strafrechtlichen Druck auf Abhängige zu verringern ohne gleichzeitig die sozialtherapeutischen Hilfen des Gesetzes zu reduzieren (Illmer), das heißt der Krankheitscharakter der Abhängigkeit sollte im Strafverfahren noch deutlicher gemacht werden (Lange). Andererseits sind die Möglichkeiten zur Verfolgung und Eindämmung des Drogenhandels noch keineswegs ausgeschöpft. Beide Zielvorstellungen lagen bereits der Reform von 1981 zugrunde und sollten sowohl in Gesetzgebung als auch in der Rechtsprechung weiter optimiert wer-

den. In den einzelnen Beiträgen dieses Bandes finden sich dazu eine Fülle von gut durchdachten und fundierten Vorschlägen.
Drogenpolitik war stets ein bescheidener Sektor der Jugend-, Sozial- oder Gesundheitspolitik, eingegrenzt auf das jeweils Machbare. Wenn ernsthaft etwas geändert werden soll, so ist für die Drogenpolitik jetzt das Ende der Bescheidenheit (Heckmann) zu fordern.

Reuband, K.-H.: Drogenstatistik 1987: In: Jahrbuch 1989 zur Frage der Suchtgefahren, herausgegeben von der Deutschen Hauptstelle gegen die Suchtgefahren. Hamburg 1988
Alle weiteren Angaben beziehen sich auf Beiträge in diesem Band.

Bernhard Schmidtobreick, Sozialarbeiter, Karlstraße 40, 7800 Freiburg
Referatsleiter im Deutschen Caritasverband. Seit über 20 Jahren mit Suchtkrankenhilfe und Drogenpolitik befaßt. Mitglied im Vorstand der Deutschen Hauptstelle gegen die Suchtgefahren und der Deutschen Gesellschaft für Suchtforschung und Suchttherapie. Verschiedene Veröffentlichungen zur Suchtkrankenhilfe und Drogenarbeit.

## Manfred Adams

# Das Betäubungsmittelgesetz an die inzwischen gewonnenen praktischen und überprüfbaren Erfahrungen anpassen, jedoch das Wertgefüge des Gesetzes unangetastet lassen

Die Wege aus der Drogensucht sind so verschlungen und unberechenbar, daß man diesem Phänomen mit den Gesetzen der Kausalität im Hinterkopf hilflos gegenüber steht. Zu dieser Hilflosigkeit sollte man sich bekennen, statt eine Flucht in die Reform anzutreten und auf diese Weise Erlösung zu suchen von dem Gefühl, mit einer grundlegenden Lösung des Drogenproblems gescheitert zu sein. Angesichts der Komplexität und Undurchschaubarkeit der Ursache-Wirkung-Mechanismen sollte die fundamentale Substanz des BtMG nicht in Frage gestellt werden. Die in der Öffentlichkeit mühsam aufgebaute kritische Grundeinstellung den illegalen aber auch den legalen Drogen gegenüber sollte durch Experimente nicht ins Wanken gebracht werden.

Meine Vorschläge bewegen sich nicht im Bereich grundlegender Veränderungen und lassen das bisherige Wertgefüge des BtMG unangetastet. Das Gesetz sollte vielmehr an die zwischenzeitlich gewonnenen praktischen und überprüfbaren Erfahrungen im Umgang mit dem Drogenproblem angepaßt werden.

1. Mit größtem Nachdruck sollte man die Forderung aufstellen, das Zeugnisverweigerungsrecht aus beruflichen Gründen nach § 53 StPO auf Suchtberater in Beratungsstellen auszudehnen, unter der Voraussetzung, daß diese Stellen von einer Behörde oder Körperschaft, Anstalt oder Stiftung des öffentlichen Rechts anerkannt wurden. Den etwa 500 Beratungsstellen in der Bundesrepublik Deutschland obliegt die ambulante Betreuung Drogenabhängiger und Drogengefährdeter. Das breitgefächerte Aufgabenspektrum macht deutlich, daß den Beratungsstellen im Therapie-Verbundsystem eine wichtige Verteiler- und Drehscheibenfunktion zukommt. Das gilt nicht nur für den Einstieg in die Therapiekette (Kontakt-, Entzugs-, Entwöhnungs- und Rehabilitations-Phase), sondern das gilt insbesondere für irreguläre

Verläufe mit Abbrüchen, Rückfällen und wiederholten Neuanfängen, was für Drogenabhängige meist die Regel ist und weniger die Ausnahme. Die Anbahnung eines Kontaktes ist der sensibelste Bereich der Drogenarbeit. Wenn hier eine Störung auftritt, kommt ein Kontakt gar nicht erst zustande und einer Therapie zuführen kann man nur denjenigen Drogenabhängigen, der zunächst einmal in der Beratungsstelle erscheint. Es ist daher außerordentlich wichtig, die mannigfaltigen Therapieangebote, für welche die Beratungsstelle die Eingangspforte darstellt, so niederschwellig wie möglich anzusetzen. Bei der Einschätzung, ob eine Einrichtung niederschwellig ist oder nicht, darf man nicht vor dem für den Juristen so geläufigen Begriff des „vernünftigen Betrachters“ ausgehen, sondern man muß bei der Einschätzung der Attraktivität des Therapieangebotes von der Person des Drogenabhängigen ausgehen, seiner Zerrissenheit und seinen zuweilen irrationalen Befürchtungen. Dem Drogenabhängigen ist es zur zweiten Natur geworden, nach allen nur erdenklichen Gründen zu suchen, warum gerade für ihn eine Therapie nicht in Frage komme, obwohl er ja eigentlich wolle. Nicht repräsentative Einzelfälle, in denen die Strafjustiz Drogenberatern ein Zeugnisverweigerungsrecht verweigert hat, werden von den Massenmedien hochgespielt. Angesichts der irrationalen Verarbeitung dieser Vorgänge durch den Drogenabhängigen wird die Forderung der Drogenpraktiker nach möglichst niedrigschwelligen Therapieangeboten hierdurch ein Bärendienst erwiesen. Häufig geraten Beratungsstellen auf diese Weise zwischen die Mahlsteine von Patientenmißtrauen und Justizmißtrauen. Die Ausweitung des Zeugnisverweigerungsrechts auf Berater in Suchtfragen wäre daher zu begrüßen, weil hierdurch der Vertrauensschutz vergrößert wird.

2. Bei Bagatellkriminalität im Konsumentenbereich sollte häufiger als bisher von den Einstellungsmöglichkeiten nach §§ 153 ff. StPO, 45 Abs. 2 JGG Gebrauch gemacht werden. Wenn man auf Tagungen Fälle wie diesen berichtet bekommt, daß sich Haschischanhaftungen an einer Pfeife zu einer Anklageschrift ausgewachsen haben, dann läßt das ein grundlegendes Mißverstehen der Suchtproblematik vermuten und bewirkt, daß der auch für die Strafjustiz so eminent wichtige Gesichtspunkt der Akzeptanz mit Füßen getreten wird. Es ist daher anzustreben, das Legalitätsprinzip zugunsten des Opportunitätsprinzips einzuschränken.

Es entspricht ja schon seit jeher der Praxis der polizeilichen Ermittlungstätigkeit, das große Heer der Drogenkonsumenten ohne große strafrechtliche Implikationen links liegen zu lassen und das Schwergewicht auf die Bekämpfung des Drogenhandels zu legen. Diese seit langem geübte Praxis bei den polizeilichen Ermittlungsbehörden sollte nun endlich auch bei den Staatsanwaltschaften institutionalisiert werden. Es wäre wünschenswert, wenn die Länderministerien nach einer verbindlichen Sprachregelung suchten, um via Behördenleiterverfügung dem staatsanwaltschaftlichen Sachbearbeiter Kriterien für die Verfahrenseinstellung an die Hand zu geben. Auf diese Weise könnte verhindert werden, daß sich staatsanwaltschaftlicher Ermittlungseifer selbständig macht, ohne daß Delikttatbestände herabgestuft werden müssen.
3. Die Anfechtung der versagten Zurückstellung nach § 35 BtMG ist rechtlich sehr kompliziert. Beschwert sich der Drogenabhängige gegen die versagte Zurückstellung, dann entscheidet hierüber im Vorschaltverfahren der Generalstaatsanwalt beim OLG. Wenn der Generalstaatsanwalt die Zurückstellung nicht ausspricht und auch die Vollstreckungsbehörde nicht anweist, zurückzustellen, entscheidet über die Rechtmäßigkeit der Strafsenat des OLG. Trotz ihrer Kompliziertheit hat diese Regelung den Vorteil, daß die Entscheidungskompetenz beim Ausspruch der Zurückstellung nicht einem unabhängigen Gericht übertragen ist, sondern der weisungsgebundenen Vollstreckungsbehörde. Hier sollten die Länderministerien durch eine Absprache darauf hinwirken, daß die jeweiligen Staatsanwaltschaften auf eine einheitliche Praxis hinarbeiten, die dem Therapiebedürfnis des Drogenabhängigen voll Rechnung trägt. Dies könnte im Rahmen der zu Ziffer 2. vorgeschlagenen Vereinbarung geschehen.
Sollte dies nicht als opportun angesehen werden, so könnte daran gedacht werden, als Rechtsmittel gegen die versagte Zurückstellung nach § 35 BtMG die sofortige Beschwerde ins Gesetz einzufügen, die eine umfassende Überprüfungsmöglichkeit gewährleistet und nicht wie die derzeitige gesetzliche Regelung eine Überprüfung nur auf Ermessensfehlgebrauch.
Bei den vorgestellten Änderungen bleiben die Wertvorstellungen des Betäubungsmittelgesetzes im wesentlichen unangetastet, sie dürften aber die Arbeit von Drogenberatern und Drogentherapeuten erleich-

tern. Dieser Wunsch wird auch mit der Erwartung verknüpft, daß sich bei den helfenden Berufen allmählich die Einstellung durchsetzt, daß Drogenarbeit nicht wegen der „Repression“ der Strafjustiz unmachbar ist, sondern trotz und häufig sogar wegen der „Repression“ überhaupt möglich wird.

Manfred Adams, Vorsitzender Richter am Landgericht, Nymphenburgerstraße 16, 8000 München 35
Seit ca. 15 Jahren Jugendrichter, seit fünf Jahren Vorsitzender der Jugendkammer beim Landgericht München I. Mitglied des wissenschaftlichen Fachbeirats von Daytop.

Gerhard Bühringer

# Die juristischen Maßnahmen sollten so gestaltet werden, daß Drogenabhängige möglichst früh therapeutisch erreicht werden und der Strafvollzug weitgehend vermeidbar wird

## 1. Fragestellung

Fachgremien des Deutschen Caritasverbandes haben die Frage aufgeworfen, ob eine Änderung der Drogenpolitik und der Drogengesetzgebung zu einer Lösung des Drogenproblems beitragen könnte. Sie sind der Meinung, „daß eine vorsichtige Veränderung des Betäubungsmittelgesetzes sowohl die Kriminalitätsspirale unterbrechen als auch neue Wege der Hilfe ermöglichen könnte". Insgesamt geht es dem Caritasverband um die Frage, ob durch geeignete Reformen des Betäubungsmittelgesetzes die sowohl individuell wie gesellschaftlich negativen Auswirkungen des Drogenproblems reduziert werden können.

## 2. Einschränkungen der Stellungnahme

1. Es wird nicht auf den Bereich der Prävention eingegangen.
2. Die Regelungen des Betäubungsmittelgesetzes werden nur unter therapeutischen Gesichtspunkten beurteilt (das heißt zum Beispiel nicht unter Gesichtspunkten der Generalprävention). Ob und in welcher Form die Vorschläge juristisch und gesetzestechnisch umgesetzt werden können, wird nicht geprüft beziehungsweise dargestellt.
3. Die Stellungnahme beschränkt sich auf Drogen mit einer schweren körperlichen und psychischen Abhängigkeit, geht also nicht auf den Bereich des Haschischkonsums ein.
4. Die Überlegungen und Vorschläge sind aus Platzgründen verkürzt und teilweise stark pointiert dargestellt (siehe weiterführende Literatur).

## 3. Ausgangsüberlegungen

Die Abhängigkeit von illegalen Drogen mit einem hohen Suchtpotential stellt ein Problem für fast alle Staaten dar. Aufgrund der jahrzehntelangen Erfahrung mit diesem Thema und der Erprobung unterschiedlichster Ansätze ist es offensichtlich, daß es „die“ Lösung zumindest in absehbarer Zeit nicht geben wird. Möglich ist lediglich der Versuch, durch systematisches Erproben neuer Ansätze, im Sinne eines adaptiven Vorgehens, die negativen Auswirkungen zu reduzieren.

Es besteht wahrscheinlich weitgehende Einigkeit, daß wir in Hinblick auf bereits abhängige Personen für unsere Gesundheitsversorgung folgende Verbesserungen anstreben:

1. Reduzierung der Zeit zwischen Abhängigkeitsbeginn und erster Behandlung
2. Reduzierung der Abbruchquote
3. Reduzierung der Rückfallquote nach Ende der Behandlung
4. Reduzierung der langfristig negativen Folgen des Drogenkonsums durch eine Verminderung der mit dem Konsum verbundenen Risiken (zum Beispiel Art der Drogeneinnahme, Reduzierung der Konsummenge, Verlängerung der drogenfreien Intervalle zwischen den einzelnen Rückfällen).

Da mit dem Status der Abhängigkeit sowohl ein intensiver Zwang zur Fortführung des Drogenkonsums als auch gravierende negative Folgen für den Abhängigen und die Gesellschaft verbunden sind, versuchen zahlreiche Staaten das Problem mit zwei globalen Strategien zu bekämpfen:

1. Das Angebot eines möglichst umfassenden Systems therapeutischer Einrichtungen.
2. Juristische Sanktionen, so daß der Abhängige einen mehr oder minder intensiven Druck zum Besuch einer therapeutischen Einrichtung erfährt. In der Bundesrepublik wird dies mit verschiedenen juristischen Regelungen versucht, unter anderem:

1) Erwartung an den Abhängigen zum Besuch einer Therapie
- Aussetzung des Verfahrens, Verjährung beziehungsweise spätere Einstellung nach § 153 StPO
- Aussetzung der Strafe zur Bewährung nach § 56 StGB

2) Wahlfreiheit des Abhängigen zwischen Therapie und Strafvollzug

– Vorläufige Einstellung nach § 37 BtMG
– Zurückstellung der Vollstreckung nach § 35 BtMG
– Therapeutische Sonderabteilungen im Strafvollzug

3) Einweisung des Abhängigen zur Therapie in eine Entziehungsanstalt

– Maßregelvollzug nach § 64 StGB/93a JGG.

Bei der Verwirklichung der oben genannten vier Ziele ergeben sich verschiedene Probleme, die im folgenden dargestellt werden.

## 4. Erstes Dilemma: Abhängige sollten möglichst frühzeitig in Behandlung, sind aber dazu nicht bereit

### 4.1 Der Zwang zur Drogeneinnahme

Nach der Ausbildung einer körperlichen und psychischen Abhängigkeit sind die angenehmen Folgen des Drogenkonsums für einige Jahre wesentlich stärker als die unangenehmen. Zwar treten immer wieder Entzugserscheinungen auf, doch der nächste Konsum regelt alles. Es gibt keine Handlung in der Welt, die mit einer derartigen Sicherheit und Schnelligkeit in Sekunden Entzugsschmerzen wegnimmt, schwierige Probleme vergessen läßt und angenehme Empfindungen auslöst. Es ist ein gut untersuchtes Lernprinzip, daß ein Verhalten, das derart schnell und intensiv verstärkt wird, kaum verhindert werden kann.

### 4.2 Der Mythos der freiwilligen Behandlung

Solange die positiven Auswirkungen des Drogenkonsums überwiegen, besteht keine Bereitschaft zur Veränderung. Erst nach langer Zeit werden die negativen Konsequenzen des Konsums intensiver: Schwere akute und chronische Krankheiten, starke emotionale Veränderungen bis hin zu psychiatrischen Krankheitsbildern, Zerstörung der Partnerschaft und Familie, Ruin der sozio-ökonomischen Lebensgrundlage, polizeiliche Verfolgung und gerichtliche Verurteilung. Dann erst entsteht allmählich eine Bereitschaft zur Aufgabe des Konsums und zur Behandlung. Die Nachteile des Konsums werden dann stärker erlebt als die Vorteile. Die unter solchen Bedingungen angetretenen Behandlungen können nicht als freiwillig bezeichnet werden, obwohl dies üblicherweise der Fall ist.

## 5. Zweites Dilemma: Abwarten, legalisieren, Methadon vergeben oder Zwang ausüben?

### 5.1 Abwarten, bis der Abhängige „freiwillig" in Behandlung kommt

Früher galt der Satz, daß man mit der Therapie so lange warten muß, bis ein Abhängiger am Ende ist und um eine Behandlung bittet. Dieses Warten auf den Zusammenbruch ist für den Therapeuten vordergründig bequem, wird allerdings vom Patienten, der Familie und der Gesellschaft teuer bezahlt, da eine derart lange Konsumdauer viel Schaden anrichtet und auch viel Geld kostet. Dazu kommt noch, daß pro Jahr ein bis zwei Prozent der Drogenabhängigen sterben. Laissez-faire ist das Schlimmste, was man einem Abhängigen antun kann. Und nicht selten tödlich.

### 5.2 Legalisierung des Drogenkonsums

Auch diese Strategie scheint vordergründig einfach und wird von vielen Wissenschaftlern und Praktikern in den USA und in Westeuropa vertreten. Abstufungen dieser prinzipiellen Strategie bestehen unter anderem darin, bestimmte Mengen des Eigenbesitzes nicht mehr zu bestrafen.

Trotz der simplen Maßnahme ist diese Strategie auf Dauer eher schädlich als nützlich. Zunächst einmal ist naiv anzunehmen, daß das kriminelle Potential verschwindet, das international mit dem Anbau, Kauf, mit der Aufbereitung und dem Groß- und Kleinhandel verbunden ist. Zwar wird die Kriminalität wahrscheinlich im Bereich des Drogenkonsums reduziert werden, aber gesellschaftspolitisch sich lediglich verlagern, zum Beispiel in den Bereich des Glücksspiels, was derzeit schon in den USA zu beobachten ist.

Zweitens ist mit hoher Wahrscheinlichkeit damit zu rechnen, daß die im Vergleich zur Zahl der Alkoholabhängigen äußerst geringe Zahl der Drogenabhängigen zunehmen wird. Da ein großer Konsens besteht, daß für Jugendliche der Konsum der dann legalisierten Drogen ähnlich wie beim Alkohol weiterhin gefährlich bleibt, werden sich die Bemühungen der internationalen Händlerringe auf diese Altersgruppe konzentrieren, was unter anderem dazu führt, daß umfangreiche rechtliche Regelungen und Kontrollen für den Erwerb der Drogen geschaffen werden müssen.

### 5.3 Methadon-Substitution

Eine weitere Strategie besteht darin, den Drogenabhängigen in seinem Zwang zur Einnahme von Drogen zu belassen und ihm lediglich eine Ersatz-Droge zu geben, die weniger negative Auswirkungen hat (zum Beispiel Reduzierung der spritzenbedingten Infektionen durch die orale Vergabe von Methadon). Internationale Erfahrungen zeigen, daß bei starker Kontrolle der Methadon-Vergabe und der damit verbundenen Programme nicht mehr Drogenabhängige erreicht werden als mit drogenfreien Programmen. Bei sehr geringer Kontrolle sind die individuellen und sozialen Nebenwirkungen derart gravierend (Begleitkonsum anderer illegaler Drogen, methadonbedingte Todesfälle, illegaler Methadonmarkt), daß die Vorteile die Nachteile nicht aufwiegen.

### 5.4 Justitielle und andere soziale Zwänge zum vorzeitigen Besuch einer Behandlung

Abhängige leben in einer Vielzahl von Zwängen unterschiedlichster Art, die früher oder später im Verlauf einer „Drogenkarriere" auftreten. Es handelt sich dabei um negative körperliche Folgen, (zum Beispiel Leberschäden), um emotionale negative Folgen (zum Beispiel Selbstmordgedanken und Depressionen), um soziale Folgen (zum Beispiel Androhung des Arbeitsplatzverlusts) sowie letzten Endes um juristische Folgen (zum Beispiel Polizeiuntersuchungen, Untersuchungshaft und Strafvollzug). Mehr und mehr wird deshalb versucht, vor allem mit justitiellen Zwängen den Abhängigen zu einer möglichst frühzeitigen Behandlung zu motivieren.

## 6. Drittes Dilemma: Therapie unter Zwang?

Zwang und Therapie sind zwei Begriffe, die wir nur schwer in Einklang bringen können. Mit Therapie, insbesondere mit Psychotherapie, verbinden wir einen Prozeß intensiver zwischenmenschlicher Zusammenarbeit auf der Grundlage gegenseitigen Vertrauens. Die Vorstellung, daß ein Patient zwangsweise an diesem Prozeß teilnimmt, scheint unvorstellbar; und der Begriff „Zwangstherapie" ist mit Assoziationen an ein dunkles Kapitel deutscher Medizin und Psychiatrie verbunden. Es bedarf deshalb einer besonders kritischen Aufmerksamkeit, wenn justitielle Zwänge in der Therapie eingesetzt werden sollen.

## 6.1 Zur Ethik justitieller Zwangsausübung

Aus den Beobachtungen über die Lebensweise von Abhängigen, die vor allem durch die ständige und zwangsweise Einnahme von Drogen gekennzeichnet ist, ergeben sich zwei Ansatzpunkte für justitielle Zwänge:

– Intensivierung der negativen Folgen der Abhängigkeit

Justitielle Zwänge können dazu beitragen, das Gleichgewicht zwischen den intensiven positiven und den zunächst noch geringen negativen Folgen des Drogenkonsums schneller herzustellen – eine Voraussetzung für den Beginn von Überlegungen des Drogenabhängigen zum Besuch einer Behandlung. Allerdings wäre es kritisch, Drogenkonsum und die damit verbundenen kriminellen Verhaltensweisen lediglich zu bestrafen, so lange nicht ein ebenso attraktives alternatives Verhalten angeboten wird (Behandlung zur langfristigen Drogenfreiheit).

– Erfahrung der therapeutischen Realität und eines drogenfreien Lebens

Zweitens können justitielle Zwänge dazu beitragen, daß Drogenabhängige zumindest für eine gewisse Zeit den therapeutischen Alltag, die Mitarbeiter sowie ein drogenfreies Leben erleben. Dies ist vor allem bei solchen Drogenabhängigen wichtig, die noch nie in Behandlung waren und möglicherweise über Erzählungen Dritter negative Vorurteile aufgebaut haben.

Insgesamt können juristische Zwänge dazu beitragen, die „Karriere" eines Abhängigen zumindest versuchsweise und für zeitlich definierte Fristen zu unterbrechen. Ansonsten wartet man darauf, bis die negativen körperlichen Folgen des Drogenkonsums selbst so intensiv sind, daß der Drogenabhängige beginnt, über die Veränderung seines Lebens „nachzudenken". Durch die Reduzierung beziehungsweise Unterbrechung langandauernder Konsumphasen können justitielle Zwänge, deren Effektivität vorausgesetzt, Gesundheit bewahren und Todesfälle vermeiden helfen. Solche Zwänge haben darüber hinaus den Vorteil, daß sie gerade in der Anfangszeit der Therapie noch weiter bestehen, wenn die negativen körperlichen und emotionalen Empfindungen sowie ein Teil der negativen sozialen Konsequenzen bereits durch die Behandlung reduziert sind. Da die Erinnerungen an die positiven Folgen des Drogenkonsums dann nach wie vor sehr stark sind, herrscht in der Regel zu Beginn der Behandlung eine Phase der

Ambivalenz zwischen Rückfall und zukünftigem drogenfreiem Verhalten, so daß häufig zu „Gunsten“ des Rückfalls entschieden wird. Darüber hinaus ermöglichen es justitielle Zwänge, daß Drogenabhängige zumindest eine gewisse Zeit den therapeutischen Alltag und ein drogenfreies Leben erfahren. Nur so haben sie überhaupt die Chance, aufgrund dieser Erlebnisse zwischen den Vorteilen einer Fortführung des Drogenkonsums und den Vorteilen der Aufgabe des Drogenkonsums und einem drogenfreien Leben abwägen zu können. In dieser „erzwungenen“ Erfahrungssammlung eines konkurrierenden Lebensmodells zur Sucht wird das zentrale Argument für die Rechtfertigung justitieller Zwänge in der Therapie von Drogenabhängigen gesehen. Der Abhängige hat so die Chance, die in der Regel undifferenzierte Flucht in die Droge unter therapeutischer Hilfe rationaler und unter Kenntnis und Erfahrung alternativer Möglichkeiten abzuwägen.

### 6.2 Zur Effektivität justitieller Zwänge

Die genannten Überlegungen zum Einsatz justitieller Zwänge setzten voraus, daß diese für die therapeutische Zielsetzung auch effektiv sind. Das heißt, sie müßten eines oder mehrere der in Abschnitt 1 genannten Ziele unterstützen, etwa im Sinn einer Reduzierung der Abbruchquote oder einer Reduzierung der Rückfallquote. Die wenigen wissenschaftlichen Untersuchungen zu diesem Bereich deuten darauf hin, daß Klienten, die unter justitiellem Zwang in Therapie sind, zumindest gleichgute Ergebnisse erreichen, in einigen Fällen such bessere.

### 6.3 Derzeitige Mängel

Das Problem bei der Beurteilung der Effektivität, aber auch der sonstigen Auswirkungen justitieller Zwänge, liegt darin, daß es im Vergleich zu den schwerwiegenden Eingriffen dieser Zwänge in die Freiheit des Menschen nur wenige Erkenntnisse gibt. Es gibt fast keine Untersuchungen, wie Abhängige selbst die unterschiedlichen Formen dieser Zwänge erleben, welche sie als schädlich beziehungsweise hilfreich bezeichnen, welche sie als mehr oder weniger effektiv einschätzen. Und es gibt auch keine Untersuchungen darüber, ob es sinnvoll ist, daß der Abhängige zwischen Therapie und Strafvollzug wählen kann (zum Beispiel § 35 BtmG). Aus theoretischen Überlegungen müßte der Nutzen dieser Wahlfreiheit angezweifelt werden, da der Abhängige in der Regel Entscheidungen nach dem Nutzen in Hinblick auf die Fortführung des Drogenkonsums trifft. Es ist aber bekannt, daß gerade Gefängnisse relativ gute Möglichkeiten zur Fortführung des Konsums bieten. Insgesamt bestehen erhebliche Wissenslücken im Einsatz justitieller Zwänge, die im Vergleich zur Nutzung dieser gesundheitspolitischen Strategie unverantwortlich sind.

## 7. Vorschläge

Die folgenden Vorschläge lassen sich zwei generellen Strategien zur Verbesserung der gegenwärtigen Situation zuordnen: 1. Es soll erreicht werden, daß Drogenabhängige möglichst früh in ihrer Abhängigkeitskarriere therapeutische Einrichtungen aufsuchen. 2. Es soll erreicht werden, daß der Anteil drogenabhängiger Straftäter im Gefängnis deutlich reduziert wird.

Hintergrund beider Strategien ist die Überlegung, daß zur Vermeidung individueller und sozialer Spätschäden Drogenabhängige möglichst früh in Behandlung kommen sollten. Da dies freiwillig im Regelfall nicht geschieht, ist es notwendig, juristische Maßnahmen so zu gestalten, daß schon bei geringfügigen Straftaten, wenn eine Abhängigkeit vorliegt, die Zuweisung zu einer therapeutischen Maßnahme erfolgt. Dabei sollte verstärkt die ambulante Behandlung einbezogen werden, insbesondere bei Fällen kurzzeitiger Abhängigkeit. Der zweiten Strategie liegt die Überlegung zugrunde, daß Drogenabhängige im Gefängnis nicht die Grundlage für eine langfristige Drogenfreiheit erwerben, sondern ihre Situation eher verschlechtern und die Bedingungen für einen Rückfall verstärken. Aus diesem Grund sollte alles unternommen werden, daß möglichst wenig abhängige Straftäter in Untersuchungshaft beziehungsweise in den Strafvollzug kommen. Aus den genannten zwei generellen Strategien ergeben sich folgende Einzelvorschläge:

1. Auch bei geringfügigen Straftaten sollte, wenn eine Drogenabhängigkeit nachgewiesen wurde, eine Behandlung angeordnet werden. Nach therapeutischen Kriterien sollte dabei eine ambulante Behandlung möglich sein. Die Behandlung sollte in jedem Fall mit einer längeren anschließenden Bewährungsauflage verbunden sein.

2. Der Klienten-Schlüssel für Bewährungshelfer sollte so deutlich verbessert werden, damit diese in der Bewährungszeit zu ihren Klienten wesentlich intensiveren Kontakt als bisher halten und frühzeitig Risiken für einen Rückfall erkennen können. Für solche Situationen müssen Mechanismen entwickelt werden, wie Gefährdete möglichst kurzfristig wieder in eine geeignete Form der (in aller Regel ambulanten) Behandlung kommen.
3. Beim § 35 BtMG sollte die Wahlfreiheit zwischen Therapie und Gefängnis zugunsten der Therapie stark reduziert werden. Notwendige Gefängnisaufenthalte sollten für Abhängige in der Dauer beschränkt werden. Entscheidungen sollten im Einzelfall flexibel und unter Einbeziehung von Sachverständigen getroffen werden.
4. Die Frist sollte flexibel verlängert werden, innerhalb derer Drogenabhängige im Rahmen des § 35 BtMG zu einer Behandlung zugelassen werden (derzeit zwei Jahre).
5. Eine eventuell notwendige Untersuchungshaft sollte möglichst auch in therapeutischen Einrichtungen verbracht werden.
6. Für stark gewalttätige Drogenabhängige, die in offenen beziehungsweise teilgeschlossenen therapeutischen Einrichtungen außerhalb des Gefängnisses nicht behandelt werden können, sollten qualitativ hochstehende therapeutische Einrichtungen innerhalb des Justizsystems eingerichtet werden.
Die genannten Vorschläge setzen voraus, daß eine Reihe von Verbesserungen durchgeführt werden:
7. Die therapeutischen Mitarbeiter müssen für den Umgang mit Abhängigen, die unter justitiellem Zwang in die Behandlung kommen, verstärkt qualifiziert werden. Bisherige Erfahrungen zeigen, daß der Umgang mit solchen Abhängigen im Laufe der Behandlung kein Problem darstellt, wohl aber zu deren Beginn.
8. Die Ausbildung der Bewährungshelfer muß so weit verbessert werden, daß diese die Aufgaben im Zusammenhang mit der Betreuung von Drogenabhängigen auch wahrnehmen können, und zwar in intensiver Zusammenarbeit mit therapeutischen Fachkräften.
9. Die ambulanten Behandlungsmöglichkeiten in der Bundesrepublik müßten deutlich ausgebaut werden. Dies gilt nicht so sehr für die organisatorischen Grundlagen, da diese von den Wohlfahrtsverbänden weitgehend geschaffen wurden, sondern für die Zahl und für die Qualifikation der therapeutisch tätigen Mitarbeiter. Weiterhin fehlen

Wohn- und Arbeitsmöglichkeiten sowie geeignete Übergangseinrichtungen.
10. Alle genannten Vorschläge sollten in Hinblick auf ihre Effizienz wissenschaftlich untersucht werden, da die Auswirkungen der genannten Vorschläge teilweise nur hypothetisch formuliert werden können.

Literatur

Brown, B. S. / Bühringer, G. / Kaplan, C. D. / Platt, J. J. (1987). German/American report on the effective use of pressure in the treatment of drug addiction. Psychology of Addictive Behaviors 1/1, 38 – 54

Bühringer, G. / Herbst, K. / Kaplan, C. D. / Platt, J. J. (1989). Die Ausübung von justitiellem Zwang bei der Behandlung von Drogenabhängigen. In: Feuerlein, W. / Bühringer, G. / Wille, R. (Hrsg.): Therapieverläufe bei Drogenabhängigen. Berlin, Heidelberg: Springer-Verlag, 43 – 74

Platt, J. J. / Bühringer, G. / Kaplan, C. D. / Brown, B. S. / Taube, D. O. (1988). The prospects and limitations of compulsory treatment for drug addiction. Journal of Drug Issues 18/4, 506 – 525.

Dr. Gerhard Bühringer, Diplom-Psychologe, Parzivalstraße 25, 8000 München 40
1973 bis 1987 Leiter der Projektgruppe Rauschmittelabhängigkeit am Max-Planck-Institut für Psychiatrie, seit 1973 bis heute Leiter des IFT-Institut für Therapieforschung in München. Forschungsschwerpunkte: Entwicklung und Evaluation von therapeutischen Programmen für Alkohol- und Drogenabhängige, Trendanalysen von Daten aus therapeutischen Einrichtungen, Verbesserung und Evaluation des therapeutischen Versorgungssystems für Abhängige. Mitglied des Wissenschaftlichen Kuratoriums der Deutschen Hauptstelle gegen die Suchtgefahren und des Vorstandes der Deutschen Gesellschaft für Suchtforschung und Suchttherapie e. V. Verschiedene Veröffentlichungen zum Suchtproblem.

Alexander Eberth

# Verbesserung und Modifizierung des Drogenrechts, insbesondere der Therapievorschriften im 7. Abschnitt des BtMG. Entkriminalisierung des süchtigen Verhaltens

Nach meinem Eindruck haben sich seit einigen Jahren Zweck und Methoden der Bekämpfung der Rauschgiftsucht verschoben. Bezeichnend dabei ist, daß heute in den Medien nicht mehr von Bekämpfung der Rauschgiftsucht, sondern von Bekämpfung des Rauschgifthandels gesprochen wird, ohne daß dabei überhaupt noch die Grundanliegen berücksichtigt werden.

Die Abhängigkeit von legalen Drogen ist heute unter dem behandlungsbedürftigen Abhängigen wesentlich verbreiteter als die Abhängigkeit von solchen Drogen, die unter das Betäubungsmittelgesetz fallen. Ziel einer nationalen wie internationalen Drogenpolitik muß deshalb das Anliegen sein, die Gesundheit des einzelnen Bürgers zu beachten.

Trotz erheblich verstärktem Fahndungsaufwand ist festzustellen, daß in der Bundesrepublik illegale Drogen in einem solchen Ausmaß vorhanden sind, daß die Zahl der Drogenabhängigen trotz vieler therapeutischer Versuche und Erfolge zunimmt und trotz erheblicher Beschlagnahmeerfolge die illegalen Drogen immer billiger werden. Dies bedeutet, daß einerseits ausreichend Drogen im Schwarzmarkt vorhanden sind und andererseits der Zugang zu Drogen nach wie vor relativ unriskant erscheint und die Attraktivität der illegalen Betäubungsmittel weiter so groß ist, daß trotz der bestehenden Strafvorschriften der Drogenkonsum vor allem bei jungen Menschen mit den derzeitigen erheblichen repressiven und geringen sozialpolitischen Methoden nicht reduziert werden kann.

Aus diesen nüchternen, deprimierenden Feststellungen ergeben sich folgende Überlegungen und Konsequenzen:

1. Das Festhalten an der Kriminalisierung des Haschischkonsumenten ist mittlerweile antitherapeutisch und hat keine präventive Bedeutung mehr.

a) Für junge Menschen, die bislang keine Erfahrungen mit harten Drogen haben, überzeugt das Argument der Gefährlichkeit nicht. Im Gegenteil, die Verteufelung von Haschisch verharmlost den Unterschied in der Gefährlichkeit zu Kokain und Heroin.

b) Der Kokain- oder Heroinabhängige, der „nur noch" Haschisch konsumiert, empfindet sein Verhalten als deutliche Verbesserung seiner Situation. Die Tatsache, daß der Besitz von ein bis zwei Gramm Haschisch in vielen Fällen zur erneuten Inhaftierung ehemaliger langjähriger Fixer geführt hat, macht alle therapeutischen Erfolge der Rehabilitationsinstitutionen zunichte und führt den auf dem Weg zur Rehabilitation befindlichen Ex-Fixer zurück in die Kriminalität und Resignation bis hin zum Selbstmord.

c) Die häufig von Polizei und Justizvertretern geäußerte Behauptung, der Besitz kleiner Mengen Haschisch würde in der Praxis kaum mehr verfolgt, ist unrichtig, wie viele Gerichtsverhandlungen beweisen.

Es ist daher geboten, § 29 Abs. 5 BtMG, von dem bislang in der Praxis so gut wie kein Gebrauch gemacht wird, wie folgt zu ändern:

Nicht bestraft wird, wer Haschisch oder Marihuana lediglich zum Eigengebrauch mit einem Wirkstoffgehalt von nicht mehr als zwei Gramm THC anbaut, herstellt, einführt, ausführt, durchführt, erwirbt, sich in sonstiger Weise verschafft oder besitzt.

2. Das Kronzeugenprinzip des § 31 Nr. 1 BtMG hat sich in der Praxis nicht bewährt. Von der Möglichkeit von Strafe abzusehen im Falle der freiwilligen Offenbarung, wird in der Praxis fast nie Gebrauch gemacht. Dies führt dazu, daß die eigentlichen Rauschgifthändler oder der Umfang des Rauschgifthandels oft den Ermittlungsbehörden unbekannt bleiben, da der drogensüchtige Straftäter, der den Umfang seines eigenen Drogenkonsums verheimlicht, in der Regel eine mildere Strafe bekommt, wenn er den Erwerb oder Verkauf nur in dem Umfang einräumt, der ihm tatsächlich nachgewiesen werden kann. Die Benennung der Hinterleute führt zur Erhöhung der Straferwartung, wenn damit gerechnet werden muß, daß bekannt wird, daß der Drogenabhängige über einen längeren Zeitraum Drogen erworben hat und insbesondere den Eigenkonsum durch Handeltreiben finanziert hat.

Der erfahrene oder rechtlich richtig beratene Drogenabhängige wird deshalb zu seinem eigenen Schutz oft nicht bereit sein, die Lieferanten zu benennen. Insofern hat die immer wieder von Politikern und Behördenleitern erwähnte Aussage, es bestehe ein Interesse, an die großen Drogenhändler heranzukommen, in der Praxis an Glaubwürdigkeit und Realisierbarkeit verloren.

3. Der Einsatz von V-Leuten in der Drogenszene ist durch die Praxis der letzten Jahre immer problematischer geworden. Es wird nicht verkannt, daß zur Bekämpfung des Rauschgifthandels der Einsatz von V-Leuten unerläßlich ist.

Die Verwendung von V-Leuten, die selbst Betäubungsmittelkonsumenten sind, ist jedoch aus dem Blickwinkel des Schutzes der Gesundheit, worin der Sinn des Betäubungsmittelgesetzes liegt, äußerst bedenklich. In der Praxis werden Betäubungsmittelabhängige, die bei der Begehung kleinerer Delikte erwischt werden, von den Polizeibehörden und den Ermittlungsrichtern auf freiem Fuß gelassen, solange sie bereit sind, bei der Aufklärung anderer Drogengeschäfte den Rauschgiftfahndern Hinweise zu geben.

Diese Praxis widerspricht nicht nur dem Legalitätsprinzip, sondern ist insbesondere geeignet, Drogenabhängige länger in der Szene zu belassen und dabei auch dem zusätzlichen Gesundheitsrisiko auszusetzen, als dies geboten ist. Solange der Drogenabhängige sich strafbar macht, wenn er Betäubungsmittel erwirbt, macht er sich ja auch strafbar, wenn er seinen eigenen Rauschgiftbedarf durch Geldmittel finanziert, die er von den Rauschgiftfahndern wegen der von ihm gegebenen Hinweise erhalten hat. Drogenabhängig bleibt er ohnehin. Somit besteht auch die zusätzliche Gefahr der Überdosierung. Nach meiner Erfahrung wird die V-Mann-Tätigkeit von süchtigen V-Leuten solange von den Justiz- und Ermittlungsbehörden geduldet, solange die V-Leute selbst keine größeren Straftaten begehen. In der Mehrzahl der Fälle wird die V-Mann-Tätigkeit der Süchtigen nicht beendet, weil die Süchtigen sich aus der Drogenszene zurückziehen, sondern weil sie eine größere Straftat begangen haben, bei der eine Inhaftierung geboten ist. Die Labilität und die Betäubungsmittelabhängigkeit führen aber oft dazu, daß Betäubungsmittelsüchtige immer dann, wenn sie sich selbst größere Mengen Rauschgift beschaffen können, der Verlockung nicht widerstehen können.

Fazit: Der Einsatz von V-Leuten, die selbst als Betäubungsmittelkonsumenten bekannt sind, müßte gesetzlich verboten werden.

4. Die Vorstellungen der Gesetzgeber bei der Zurückstellung nach den §§ 35 ff. BtMG haben sich nach meiner Beobachtung in der Pra-

xis nur teilweise bewährt. Eine Veränderung der gesetzlichen Vorschriften erscheint dringend erforderlich.
Bei der Verwirklichung des Zurückstellungsprinzips sind zu viele Personen beteiligt, die den betäubungsmittelabhängigen Straftäter selbst nie gesehen haben, bzw. die momentane Situation nicht kennen.
Die Vorschrift des § 35 BtMG läßt im Verfahrensgang zuviele Entscheidungsmöglichkeiten offen, die in der Praxis von gut gesonnenen und therapeutisch engagierten Richtern und Staatsanwälten genutzt werden, aber ebenso häufig von negativ eingestellten Personen so ausgelegt werden, daß der therapeutische Effekt nicht stattfindet.
a) Die Entscheidung über die Zurückstellung muß in die Hände des erkennenden Richters gelegt werden, der die letzte Tatsacheninstanz war. Nur dann, wenn ein Rechtsmittel erfolglos war, sollte der Richter der I. Instanz zuständig bleiben.
b) Die Entscheidung über die Zurückstellung muß an eine Frist gebunden werden, um lange, demotivierende Wartezeiten zu verhindern.
c) Die Ablehnung der Zurückstellung muß durch ein einheitliches Rechtsmittel, das praktikabel ist, anfechtbar sein. (Sofortige Beschwerde oder Berufung.) Dabei ist wünschenswert, daß der Verurteilte in mündlicher Verhandlung seine Gründe für die Therapiebereitschaft darlegen kann.
d) Der Haftgrund der Fluchtgefahr nach § 112 Abs. 2 Nr. 1 oder Nr. 2 StPO müßte dann entfallen, wenn die Voraussetzungen für den Beginn einer Behandlung nach § 35 Abs. 1 BtMG gegeben sind.
e) Die Automatik des Widerrufs bei Therapieabbruch (§ 35 Abs. 4 BtMG) muß zugunsten einer flexibleren Regelung abgeschafft werden, bei der die Gründe des Abbruchs und die Dauer der Rehabilitationsbehandlung vor dem Abbruch ebenso Berücksichtigung finden wie die Bereitschaft zum Beginn einer neuen Behandlung.
f) Schließlich wäre es wünschenswert, wenn die Möglichkeit der Zurückstellung der Strafvollstreckung nicht nur auf Straftäter beschränkt würde, deren Straftaten im direkten Zusammenhang mit dem Konsum illegaler Drogen bestehen. Das Zurückstellungsprinzip müßte auch auf andere Süchtige, so zum Beispiel ehemalige Betäubungsmittelabhängige Anwendung finden, die nicht mehr oder vorübergehend keine illegalen Betäubungsmittel konsumieren, aber Straftaten zur Finanzierung ihrer Abhängigkeit begehen.

Darüberhinaus wäre es aber auch wünschenswert, wenn für alle Abhängigkeitskranken anstelle der Strafvollstreckung eine Rehabilitationsbehandlung möglich wäre.
Zusammenfassend ist festzustellen, daß sich der Gedanke der Behandlung anstelle der Strafvollstreckung durchaus als sinnvolles Prinzip erwiesen hat, das jedoch aufgrund der jetzigen Erfahrungen mit dem 7. Abschnitt des BtMG erhebliche Veränderungen und Verbesserungen dringend notwendig sind, um bessere Rehabilitationsergebnisse zu erzielen. (Die Darstellung und Begründung aller Einzelheiten würde den Umfang dieser Ausführungen sprengen.)
5. Die sensible Problematik der Vertraulichkeit der Beziehungen zwischen Drogenberater und -therapeuten einerseits und Drogenabhängigen andererseits bedarf nach wie vor dringend einer besseren gesetzlichen Regelung.
Die bestehende Rechtsunklarheit, wonach dem Suchtberater das gesetzliche Zeugnisverweigerungsrecht versagt ist, andererseits aber – auch vom Bundesverfassungsgericht in der Entscheidung vom 24. 7. 1977 (BVerfGE 44, 353 ff.) – festgestellt wird, daß für die Drogenarbeit ein besonderes Vertrauen erforderlich ist, erschwert die praktische Arbeit immer wieder. Die vom Gesetzgeber den Drogenberatern und -therapeuten auferlegte Zusammenarbeit mit den Justizbehörden im Rahmen des § 35 BtMG bedarf einer besseren rechtlichen Sicherheit für Drogenberater und -therapeuten. Auch Fälle, in denen Richter und Staatsanwälte in öffentlicher Sitzung einen Angeklagten auf seine HIV-Infektion angesprochen haben, von der sie aus der Briefzensur im Zusammenhang mit den Rehabilitationsbemühungen des Angeklagten Kenntnis erlangt haben, zeigen, wie unsensibel teilweise mit intimsten Kenntnissen der Drogenabhängigen umgegangen wird. Daher ist es unerläßlich, daß gesetzlich gesichert ist, daß die im Rahmen der Therapievorbereitung oder während der Therapie anvertrauten persönlichen Geheimnisse nicht weitergegeben werden müssen. Dazu gehört auch das Zeugnisverweigerungsrecht über die Namen der Klienten, die mit Therapieeinrichtungen und Beratungsstellen in Kontakt stehen. Die Nichtannahme der Verfassungsbeschwerde im Fall der Bingener Beratungsstelle (Az.: BVerfG 2 BvR 367/88) zeigt das Bedürfnis einer gesetzlichen Regelung.
6. Die Anwendung des § 64 StGB hat sich bei Drogenabhängigen nicht bewährt. Die Ergebnisse der Rehabilitationsversuche in Entzie-

hungsanstalten sind in der Regel wesentlich negativer als die offenen Therapieeinrichtungen nach §§ 35 ff. BtMG.

Die Rechtsanwendung der Unterbringung in einer Entziehungsanstalt nach § 64 StGB hat sich inzwischen dahingehend entwickelt, daß bei vielen Gerichten insbesondere bei Landgerichten drogenabhängige Straftäter wegen einer schlechten Prognose auch dann in einer Entziehungsanstalt untergebracht werden, wenn sie noch keinen Therapieversuch unternommen haben und bereit sind, sich einer Rehabilitationsbehandlung zu unterziehen. Die Rechtsprechung deckt leider eine gerichtliche Praxis, wonach auch drogenabhängige Ersttäter, die behandlungswillig sind, untergebracht werden können. Diese in einigen Bundesländern oft aus richterlicher Unkenntnis über die therapeutischen Möglichkeiten in Entziehungsanstalten angewandte Praxis muß durch eine Veränderung des Gesetzestextes in § 64 StGB unterbunden werden, da kaum ein Untergebrachter jemals nach Entlassung aus der Unterbringung zum Beginn einer Rehabilitationsbehandlung bereit ist.

Die im Vorangegangenen aufgeführten Probleme stellen nur einen Teilbereich der nach meinen Erfahrungen und Einschätzungen erforderlichen Korrekturen in der Drogenpolitik und Drogengesetzgebung dar.

Die gesetzliche Regelung, wonach in der Praxis jeder Betäubungsmittelkonsument allein wegen seines Konsums erheblich bestraft wird, weil er nämlich immer Betäubungsmittel erworben haben muß, um sie konsumieren zu können, treibt nicht wenige Süchtige tiefer in die Problematik hinein. Ich bin nicht der Meinung, daß alle oder auch nur einige Betäubungsmittel legalisiert werden sollen, aber der Erwerb zum Eigenkonsum in kleinen Mengen sollte straffrei werden und der Besitz kleiner Mengen von Betäubungsmitteln zum Eigenkonsum sollte nur noch als Ordnungswidrigkeit geahndet werden. Das würde bedeuten, daß derjenige, der mit Betäubungsmitteln angetroffen wird für den Besitz dieser Betäubungsmittel eine Sanktion erhält, daß aber bei Drogenabhängigen nicht mehr strafschärfend der frühere Erwerb zum Eigenkonsum hochgerechnet wird.

Selbstverständlich ist es notwendig, daß bei rechtlichen Regelungen in der Bundesrepublik die internationalen Belange bedacht werden, jedoch kann, wie sich aus der unterschiedlichen Rechtspraxis in vielen anderen europäischen Ländern zeigt, der nationale Spielraum durchaus ausgenützt werden. Nicht die legale Vergabe von Ersatzmitteln, welche von mir abgelehnt wird, kann eine Verbesserung des Gesundheitszustandes der Drogenabhängigen bringen. Dies kann allein dadurch erfolgen, daß bei flexibleren rechtlichen Vorschriften der Zugang zu therapeutischen Behandlungen erleichtert wird und die sozialen Defizite am Ende einer Drogenkarriere möglichst klein gehalten werden.

Lange Inhaftierungszeiten und große Vorstrafenregister erschweren den Einstieg ins Berufsleben ebenso wie fehlende Berufsabschlüsse.

Ich glaube es muß erkannt werden, daß das Drogenproblem in der Bundesrepublik Deutschland nicht mehr als Ganzes beseitigt werden kann, sondern daß die Folgen für jeden einzelnen möglichst gering gehalten werden müssen; mit einer scharfen Strafverfolgung der Konsumenten wird diesen nicht geholfen. Insbesondere muß dem Drogenabhängigen der Ausstieg aus der Drogenabhängigkeit erleichtert werden.

Alexander Eberth, Rechtsanwalt, Leopoldstraße 18, 8000 München 40
Seit 1972 als Rechtsanwalt in München tätig. Als Mitbegründer und Vorsitzender des Vereins Con-drobs e. V. mit dem Problem befaßt. Verschiedene Veröffentlichungen zum Drogenproblem. Mitverfasser eines Kommentars zum Betäubungsmittelrecht und eines Handbuches zur Verteidigung in Betäubungsmittelsachen.

Hans-Walter Ehrenstein

# Optimierung des bestehenden Grundkonzeptes; weg vom rein defensiven zu einem offensiven präventiven Ansatz

Das Thema ist nicht anzugehen, ohne die derzeitige Politik – im weitesten Sinne, jedenfalls in nuce – zu betrachten. Sie ist in ihren drei Kernbereichen Drogenberatung einschließlich Therapie, Strafverfolgung und Gesundheitsverwaltung in eklatanter Übereinstimmung von einem rein defensiven Ansatz geprägt. Der Betroffene – Abhängige – ist gemäß nahezu kongruentem Verständnis aller genannten Bereiche „Normabweichler“: Er gilt medizinisch-psychologisch als „krank“, justiziell als „Straftäter“ und auch aus der Sicht der Gesundheitsverwaltung als Adressat oder Schutzobjekt prohibitiver Vorschriften (BtM-Gesetze, Verschreibungsvorschriften o.ä.). Entsprechend ist seine Behandlung: Insbesondere Drogenhilfe und Justiz widmen sich in erster Linie den ihnen vom eigenen Verständnis der Aufgabenstellung her zuzuordnenden Teilaspekten der „Abnormität“ mit den ihnen institutionell zu Gebote stehenden Mitteln, wobei ernsthafte Divergenzen trotz aller unterschiedlichen ideologischen Ausrichtung eigentlich nur dort festzustellen sind, wo im Bereich zwangsläufiger Überschneidungen der Tätigkeitsfelder eine Seite den Primat *ihrer* „Behandlung“ geltend macht (Therapie oder/statt/ und Strafe).

Daß eine dem Wesen nach defensive Drogen„politik“ niemals mehr als eine Eindämmung des Problems Abhängigkeit zu leisten imstande ist, muß nicht ausgeführt werden. Zu Recht wird die Frage gestellt, ob sie selbst dies erbracht hat.

Die Antwort an der gegen 1000 gehenden Zahl jährlicher sogenannter Drogentoter oder der gegen 100000 gehenden Abhängigen auszurichten, verkürzt die Betrachtung. Niemand besitzt sichere Bezugsgrößen hinsichtlich einer konzeptionell anderen oder gar einer gänzlich fehlenden Drogenpolitik. Dagegen ist die Beantwortung müßig, wenn sie den Blick für Verbesserungsmöglichkeiten verstellt: Änderung der Drogenpolitik kann demnach zunächst heißen Optimierung des bestehenden Konzepts.

Im Bereich der Drogenhilfe führt chronischer Mangel an personellen, sachlichen und finanziellen Mitteln zu immer deutlicheren Einbußen an Effizienz.
Die „Straßenarbeit“ ist heute so rudimentär, daß in einer urbanen „Szene“ oft mehr polizeiliche V-Leute als Drogenberater anzutreffen sind.
Die örtliche Drogenberatung ist gekennzeichnet von Raum- und Personalmangel, zum Teil unzulänglicher Ausstattung (zum Beispiel fehlende Werkstätten, Rekreationsbereiche für obdach- und hilflose Klienten, Wohnungen) und – im Grunde unerträglich – monatelangen Wartefristen insbesondere für die Gefangenbetreuung. Entsprechendes gilt für die Ausstattung der Aidshilfe. Auch die Therapieeinrichtungen sind allenfalls als bedingt bedarfsdeckend anzusehen, es fehlt vor allem an geeigneten Nachsorgeplätzen.
Hier „politisch“ Abhilfe zu schaffen durch Zuwendung angemessener Mittel wäre geeignet, geradezu einen Effizienzschub zu initiieren.
Es kann kaum überraschen, daß im Bereich der Strafverfolgung, insbesondere der Verfolgung des Drogenhandels ein ähnliches Bild die Situation kennzeichnet. Die steigenden Zahlen sichergestellter Rauschgiftmengen vermögen nicht darüber hinwegzutäuschen, daß ein Vielfaches dieser Mengen – Tendenz steigend – auf den Markt gerät, ohne daß die bis in die Bereiche der Landeskriminalämter völlig unterbesetzten Rauschgiftdezernate auch nur alle aussichtsreichen Ermittlungsansätze ausschöpfen könnten. Zwar scheint die besonders in den frühen achtziger Jahren erkennbar gewordene „politische“ Tendenz, die seinerzeit infolge dieser Ausdünnung statistisch eingetretene Stagnation der Zahl *verfolgter* BtM-Delikte als Zeichen dafür darzustellen, daß man die Delinquenz „im Griff“ habe, gebrochen. Selbst Aids und die massiv steigende Zahl der „Drogentoten“ haben jedoch nicht vermocht, die Bekämpfung der Angebotsseite massiv zu verstärken.
Verbesserungsfähig im Rahmen des bestehenden Konzepts ist auch das Zusammenwirken von Drogenhilfe und Strafjustiz, das in weiten Bereichen immer noch gekennzeichnet ist durch Sprach- und Verständnislosigkeit bis hin zu ideologisch geprägter Feindschaft. Die in gesetzgeberischer Erörterung befindliche Möglichkeit eines Zeugnisverweigerungsrechtes für Drogenberater wäre ein wirksamer Schritt zum Abbau von Hemmschwellen auf beiden Seiten und geeignet, die

oft heikle Mitwirkung der Drogenberatung in gerichtlichen Verfahren zu vereinfachen. Daß sie auch dazu führen müßte, ein Gesetzgeber und allen Beteiligten jedenfalls im Kern gemeinsames Berufsbild des „Drogenberaters" zu vermitteln, wäre ein erwünschter Nebeneffekt.

Schwieriger zumindest gestaltete sich die Verwirklichung gesetzgeberischer Erwägungen, die sich etwa unter den Stichworten Verstärkung der Therapie auf Kosten der Strafe und – teilweise – Rücknahme des „prohibitiven Ansatzes" des BtMG begreifen ließen.

Eine Erweiterung der Zweijahresfrist des § 35 BtMG dürfte in absehbarer Zeit kaum durchzusetzen sein. Als sicheres Indiz hierfür kann das letztjährige Scheitern des Versuchs angesehen werden, das Höchstmaß der bewährungsfähigen Strafe (§ 56 StGB) von zwei auf drei Jahre heraufzusetzen. Allenfalls in Verbindung mit einem erneuten gesetzgeberischen Versuch in dieser Richtung könnten insoweit Aussichten bestehen.

Indes dürfte die Tragweite einer solchen Erweiterung der Therapievoraussetzungen überschätzt werden. Langjährige Erfahrung in diesem Bereich macht deutlich, daß in vielen oder sogar den meisten Fällen therapiebereiter und -fähiger Angeklagter die Höhe der Strafe – wenn sie denn überhaupt in der hier behandelten Größenordnung verhängt werden kann – sich erheblich – nach unten – an der Frage orientiert, wann eine Entlassung in die Therapie technisch möglich ist. Daß hier umgekehrt die jedenfalls psychologisch begründbare Möglichkeit höherer Strafen als Folge der Fristerweiterung gesehen werden muß, liegt auf der Hand.

Ganz sicher läßt sich dagegen konstatieren, daß frühzeitige Gefangenenbetreuung und Beseitigung von Wartefristen zu erweiterter Anwendung der Möglichkeiten des § 35 BtMG führen würde. Dies gilt auch für den Bereich der Untersuchungshaft: Die Überführung eines abhängigen Beschuldigten in eine Therapieeinrichtung entkräftet vielfach die ansonsten bestehenden Haftgründe (Wiederholungs- und Fluchtgefahr).

Als Irrweg erscheint indessen die Zurückführung des „prohibitiven Ansatzes". Sie ist politisch nicht durchsetzbar. Daran vermag auch die modische Libertinage nichts zu ändern, mit der manche Medien, gelegentlich auch gestandene Politiker ihr das Wort reden. Auffällig ist hierbei schon, daß es sich vielfach um die gleichen Kräfte handelt,

die in anderen Bereichen – Werbung für Alkohol und Nikotin, Rauchverbote – die Prohibition eher verschärfen wollen.
Es gibt keinen Anhalt dafür, daß etwa die Freigabe von Eigenkonsum zur Bekämpfung latenter Abhängigkeit oder Beschaffungskriminalität geeignet wäre. Dies zeigt schon die niederländische Praxis, deren „liberale" Handhabung keinerlei Entspannung der Drogenproblematik bewirkt hat. Erst recht kann der Hinweis auf die rasant steigende Zahl der „Drogentoten" nicht zur Begründung herhalten: Konsumfreigabe zu ihrer Verminderung entfaltete etwa die gleiche innovative Kraft wie die Abschaffung der Branntweinsteuer zwecks Herabsetzung der Zahl der alkoholbedingt Verkehrstoten.
Entscheidend ist der Blick auf den Markt: Solange Handel mit Betäubungsmitteln strafbar bleibt – und niemand bestreitet, daß dies notwendig ist – ändert sich am Preisgefüge nichts; auch hier dienen die Niederlande, aber auch Spanien, als Beispiel. Mithin vermag Konsumfreigabe weder das Ausmaß der Beschaffungskriminalität noch des Kleinhandels zur Finanzierung des Konsums zu beeinflussen. Im übrigen sollte nicht verkannt werden, daß auch eine von vielen für obsolet gehaltene Strafdrohung nicht völlig ungeeignet ist, latent Interessierte vom Konsum abzuhalten.
Fazit: Der defensive Ansatz der „Drogenpolitik" ist in vielfacher Hinsicht verbesserungswürdig und -fähig; konzeptionell erscheinen seine Möglichkeiten jedoch ausgereizt.
Grundlegende Änderungen sind, wenn überhaupt, nur von einer Erweiterung um ein offensiv-präventives Konzept zu erhoffen, von dem heute allenfalls Ansätze zu erkennen sind. Dazu muß sich der eingeengte Blick lösen vom Bild des „Kranken", des Straftäters, selbst des nur konkret Suchtgefährdeten; er muß erfassen, daß diese Phänomene nicht Ursache, sondern Folge einer zu bekämpfenden Fehlentwicklung sind.
Erster und wesentlicher Schwerpunkt der Drogenberatung müßte eine umfassende „flächendeckende" fachlich fundierte Aufklärung und Sozialarbeit in *allen* Bereichen der Jugendbetreuung bis hin zur Straßenarbeit sein. Jede organisierte und nicht organisierte Gruppierung von Jugendlichen müßte von einem fachkundigen Drogenberater im weitesten Sinne erreicht werden können.
Daß dies von der Kostenseite als utopisch angesehen werden kann, ist mir schmerzlich bewußt, andererseits kann das Defizit an Sozial- und

Drogenkenntnissen bei der Ausbildung etwa von Lehrern, Erziehern, Jugendleitern etc. auch ohne etatsprengenden Aufwand bewältigt werden. Die Feigenblattfunktion des „drogenbeauftragten" Lehrers im hundertköpfigen Kollegium einer weiterführenden Schule muß hier nicht das letzte Wort sein.

Jeder Jugendliche müßte vor der ersten Drogenerfahrung die Chance haben zu wissen, worauf er sich in (noch) freier Entscheidung einläßt, und Selbsterfahrung verinnerlichen können, bevor er Objekt gegenläufiger Gruppendynamik wird.

Wichtiger Faktor hierbei wäre auch die – geänderte – Wirkung der Medien. Auch heute noch lassen selbst die Elendsberichte aus dem Drogenmilieu einen Hauch Sozialromantik à la Christiane F. durchschimmern. Der Abhängige wird bestenfalls als Opfer sozialer Mißstände – das er vielfach zweifellos ist –, nicht aber als Person dargestellt, die mangels hinreichender Aufklärung und Bewußtseinsbildung eine falsche, oft lebensgefährliche Grundentscheidung getroffen hat.

Wer Presseberichten über Rauschgiftaufgriffe lediglich den oft millionenhohen Schwarzmarktwert statt der Zahl der tödlichen Dosen des sichergestellten Mittels entnehmen kann, wird höchst unzulänglich informiert und kann sich von dem berichteten Vorgang kaum abgestoßen fühlen.

Dabei gilt es für die mediengestützte Aufklärung höchst ermutigende Beispiele. Immerhin hat die jahrelange Kampagne gegen Nikotinmißbrauch bei aller gelegentlich bis ins Lächerliche gehenden Übertreibung, in den USA mehr noch als bei uns, in breitesten Schichten zu einer Umkehr des Konsumentenverhaltens geführt, die Entwicklung ist nach wie vor progressiv.

Jüngsten Umfragen zufolge soll auch die Aufklärung über HIV-Risiken zu breiter Verhaltensänderung geführt haben. Letztendlich hat auch die Zurückdrängung der bis in die frühen achtziger Jahre umfassend wirkenden Ideologie der Bewußtseinserweiterung durch Drogenkonsum eine gewisse Entspannung der Situation in Teilbereichen des Schulwesens (Gymnasien) bewirkt.

Daß in Anbetracht vielfach beschränkter öffentlicher Mittel die Erhebung aufwandträchtiger Forderungen mehr Mut und Optimismus erfordert als der Ruf nach kostenneutralen „Behandlungen" des Betäubungsmittelgesetzes ist nicht zu verkennen. Gesetzgeberische

Maßnahmen allein haben jedoch höchst selten zur Beseitigung oder auch nur Linderung drängender sozialer Probleme geführt.

Hans-Walter Ehrenstein, Vorsitzender Richter am Landgericht, Gemarkenstraße 112, 5000 Köln 80
Seit Januar 1967 am Landgericht Köln in verschiedenen Funktionen als Richter tätig. Ab 1981 Vorsitzender einer schwerpunktmäßig mit Betäubungsmitteln befaßten großen Strafkammer.

Wolfgang Heckmann

# Verbesserung und Ausbau des Hilfesystems. Die Angebote können nicht vielfältig genug sein. Defizite bestehen insbesondere bei schwellenlosen und niedrigschwelligen Einrichtungen

Wer sich – wie viele der Autor/innen und Leser/innen dieses Bandes – einmal getraut hat, Drogenabhängige oder ehemalige Drogenabhängige näher an sich heranzulassen, muß es gespürt haben: Das sind Menschen, die mehr vom Leben wollen als wir Normalverbraucher, sie sind sensibel, suchend, alternativ. Sie scheitern an einer Welt, die nicht genügend bietet, in der Selbstverwirklichung nur ausnahmsweise möglich ist, die nicht Nähe, Wärme, Zugehörigkeit zuläßt, sondern überall nur aus Cliquen und Seilschaften besteht.
Drogengefährdete werden zu Drogenabhängigen, weil in den Illusionen und Trugbildern, die der jeweilige „Stoff" produziert, immer noch mehr von ihren Träumen umgesetzt wird, als im wirklichen Leben. Ihre chemisch hergestellten Utopien sind ihnen immer noch lieber als die nackte Wirklichkeit ohne erkennbare Chancen.
Wer das ganze Elend der Szene gesehen hat – im Frankfurter Kaisersack, am Seedeich in Amsterdam oder in der Bronx, wird sie bewundern müssen: die Menschen, die es geschafft haben, hier wieder herauszukommen – sei es mit Hilfe von Freunden, über die Selbsthilfegruppe oder durch professionelle Therapie. Wieder Mut finden zum Leben, wieder etwas Neues anfangen, es noch einmal mit der Herausforderung einer Partnerschaft probieren, einen Job suchen, einen Sinn entdecken, es anders machen als die anderen. Wer mit „Ehemaligen" spricht, weiß und spürt sofort: Es war ein schwerer Gang, dazu gehören Mut, Vertrauen und oft genug auch fremde Hilfe.
Ich habe Drogenpolitik nur verstehen können als eine Politik des Akzeptierens von abweichenden Lebensentwürfen bei gleichzeitigen aktiven Angeboten und Handreichungen zum Ausstieg. Ich habe als Berater und Therapeut nicht „umerziehen" können, sondern nur infragestellen und vielleicht anderes vorleben. Ich habe als „Drogenpoliti-

ker" versucht, eine Lobby zu sein für ein psycho-soziales Moratorium, für Freiräume innerhalb einer als feindlich (und süchtig!) erlebten Umwelt. Freiräume, die den langen Weg von der Abhängigkeit zu Freiheit und Verantwortung lebbar und lohnend erscheinen lassen.
Ich habe aufgehört, mich an Drogenpolitik weiter zu beteiligen, als ich merkte, daß ich allzu ungeduldig wurde mit Menschen, die alle Jahre wieder Patentrezepte zur „Lösung des Drogenproblems" anboten, und daß ich in Gefahr war, nur noch Verwalter eines Randgruppen-Problems zu sein, das eine wachsende Schar von Politikern ohnehin nicht für lösbar oder veränderbar hält und deshalb der Vergessenheit anheimstellen möchte.
Seit 1986, seit ich Drogenpolitik nur von Ferne beobachte, hat sich diese Situation noch verschärft: Vogel-Strauß-Politik auf der einen Seite, lautstarker Ruf nach eindimensionalen Strategien wie Ersatzdrogen oder Legalisierung auf der anderen Seite.
„Aids hat die Arbeit in der Drogen-Szene verändert!" sagen viele. „Aids muß in der Drogenarbeit zu neuen Wegen führen!" sagen ebenfalls viele. Beides ist sicher richtig. Aber eines sollte man dabei nicht aus dem Auge verlieren: Aids ist ein Thema, das trotz aller Aufklärung und trotz einer nun schon lange öffentlich geführten Debatte um Fakten und Strategien von Angst und Angstmache beherrscht wird. Da ist eine Art von Scheinwissen entstanden; jede/r kann mitreden, jede/r weiß doch längst über alles Bescheid, jede/r weiß doch längst alle Risiken einzuschätzen und sich zu schützen.
Aber heimlich bohrt die Angst. Die Gerüchte schwirren und jede/r sucht sich letztlich aus der Flut von Informationen heraus, was sie/er glauben möchte, was in Ideologie, Vorurteilsstruktur und Interessenlage paßt. Das gilt auch für die Drogenpolitik: Viele haben in den letzten Jahren versucht, mit gegriffenen Zahlen über die Belastung der Drogen-Szene mit Aids apokalyptische Bilder zu malen; da wurde von einer über 70- und 80%igen „Durchseuchung" der Szene gesprochen, so als ob die tatsächlich aus seriösen epidemiologischen Untersuchungen vorliegenden Zahlen von 20 bis 30% Infizierten in der Szene nicht dramatisch genug wären.
In Zeiten großer Angst und großer Unsicherheit schlägt die Stunde der großen Vereinfacher: Wer jetzt eine einfache Strategie zur Lösung des Problems anbieten kann, darf mit einer Mehrheit an Zustimmung rechnen. Deshalb nimmt es nicht Wunder, daß Debat-

ten um geschlossene Unterbringung, Ersatzdrogenprogramme oder Legalisierung wieder Konjunktur haben.
Dabei ist Aids nicht das einzige Problem der bundesdeutschen Drogenpolitik:
Da ist die seit Jahren zu beobachtende Stagnation in methodischer Hinsicht, der Mangel an mutigen Experimenten;
da ist der durch Bürokratien jeglicher Art, vor allem aber durch die Kostenträger in Gang gesetzte Abbau therapeutischer Vielfalt;
da ist die skandalöse Kostenverlagerung auf Kosten der Betroffenen nach der sogenannten „Empfehlungsvereinbarung" zwischen den Leistungsträgern;
da sind bürokratische und zusätzlich von den Einrichtungen aufgebaute Hürden, die den Zugang zu effektiver Hilfe erschweren;
da ist ein Betäubungsmittelrecht, das schon seit seiner 1981er Novelle weitere Veränderungen bitter nötig hat, die vom Parlament gewollte Liberalisierung und Entkriminalisierung gar nicht durchschlägt;
da sind die leeren Kassen von Bund, Ländern und Gemeinden, die lediglich noch für kurzfristig angelegte Modelle, nicht aber für eine grundständige Finanzierung und Erweiterung der Drogenhilfe reichen.
Die ganze Situation verlangt seit Jahren nach durchgreifenden Verbesserungen, die auch von allen Fachleuten stets angemahnt wurden. Nun aber, nachdem es modisch geworden ist, von der „gescheiterten Drogenpolitik" zu sprechen, die bescheidenen, aber durchaus vorzeigbaren Erfolge vieler engagierter Helfer/innen einfach negiert werden, finden die vernünftigen, aus den Erfahrungen und der Kenntnis der Szene gewachsenen Forderungen kaum noch Gehör. Stattdessen erhalten diejenigen, die alles umkrempeln und das Kind mit dem Bade ausschütten wollen, große Publizität. Die Drogenpolitik gerät in die Defensive. Aber aus dieser Defensive heraus wird man handeln müssen, wenn nicht Sparhaushalte von außen und Resignation von innen zur Gefahr werden und den Abhängigen ihre Stütze nehmen sollen.

## Zur Reichweite bisheriger Angebotsstrukturen

Zunächst einmal empfiehlt es sich jedoch, eine Einschätzung darüber zu gewinnen, welche Leistungsfähigkeit im bisher Entwickelten steckt. Die seriösen Katamnesen sprechen in der Regel von 30 bis 40% Erfolg für diejenigen, die eine Therapie beginnen. Aber dies ist nicht das einzige wichtige Datum. Von mindestens ebenso großer (und unter dem Blickwinkel eines notwendigen Ausbaus der Angebote noch größerer) Bedeutung ist die Akzeptanz der Hilfe in der Szene, die Reichweite der verschiedenen Angebote.

Das wohl wichtigste Ergebnis, das je für die Beurteilung der Reichweite von Ausstiegshilfen für Drogenabhängige ermittelt wurde, stammt aus einer Untersuchung an fast 600 unbetreuten Heroinabhängigen (Projektgruppe TUdrop, 1984): Dort fand sich, daß 54% der Befragten Ausstiegsbereitschaft zeigten und 37% der Befragten sogar bereit waren, in einer der traditionellen Therapieeinrichtungen (stationäre Langzeittherapie) zu entziehen. Es ist deshalb wahrscheinlich, daß die bisherige Schätzung von 10 bis 20% der Szene, die für drogenfreie Therapie erreichbar sind, nur deshalb „stimmt“, weil nirgendwo mehr Therapieplätze zur Verfügung stehen. Dem Therapie-Optimismus, wie er in der Bundesrepublik Deutschland, in Schweden oder in Norwegen vorherrscht, muß deshalb die grundsätzliche Bereitschaft zum weiteren Ausbau des Hilfssystems entsprechen.

Daraus ergeben sich mehrere Schlußfolgerungen:

– Ausstiegshilfen im Sinne der etablierten Therapieeinrichtungen müssen noch vermehrt werden (jedenfalls deutlich über die bisher – regional unterschiedlich – vorhandenen Plätze für 5 – 10% der Szene)

– Ausstiegshilfen müssen (für diejenigen, die das bisherige Angebot nicht akzeptieren) erheblich differenziert und anders gestaltet werden

– die Akzeptanz der Einrichtungen und des Hilfssystems insgesamt muß verbessert werden, Eingangsschwellen in die Therapie (seien sie bürokratischer oder „therapeutischer“ Natur) müssen gesenkt werden

– Angebote, Krisenzeiten mit Ersatzdrogen zu überbrücken, oder mit Hilfe von Ersatzdrogen einen Prozeß der Rehabilitation einzuleiten, müssen sehr vorsichtig gehandhabt werden, da sonst für einen sehr großen Teil der Szene der Ausstiegswille gefährdet wird: Ersatzdrogen können Drogenabhängige hinter den bereits erreichten Entwicklungsstand zurückwerfen!

Die Zurückhaltung deutscher Fachleute, der Ärztekammern, Drogenberater und Therapeuten gegenüber Ersatzdrogen-Programme hat zwei Ursachen:

– Breit angelegte Methadon-Programme gehen von der Philosophie aus, daß die Mehrzahl aller Drogenabhängigen dauerhaft süchtig ist. Im Gegensatz dazu vertraut man der Erfahrung, daß es sich bei der Abhängigkeit junger Heroin-Konsumenten hierzulande überwiegend um ein Durchgangsphänomen handelt, das sich durch „maturing out“ und Spontanremissionen oder aber durch gezielte psycho-soziale Hilfe abbauen läßt.

– Methadon-Programme sind in Staaten entwickelt und erprobt worden, die in ihrem Gesundheits- und Sozialsystem mit der hiesigen Situation nicht vergleichbar sind. Sie sind – nach den USA – vor allem in den Staaten etabliert worden, wo es praktisch kein oder nur ein äußerst unentwickeltes System drogenfreier Therapie-Angebote gab. Sie lassen sich in das entwickelte Hilfssystem in der Bundesrepublik nur schwer einpassen und könnten zu Leistungsverlusten innerhalb des Systems führen.

Deshalb liegt die eigentliche Entwicklungsaufgabe der Drogenpolitik nicht in spektakulären Forderungen und Demonstrationen für die Medien, sondern in vergleichsweise unpopulärer Kärnerarbeit: das Beste von gestern mit den Erfordernissen von heute und unseren Träumen für morgen zu verbinden!

## Drogenfreie, niedrigschwellige und schwellenlose Angebote

Die Angebote zur drogenfreien Therapie sind im Laufe der 70er und 80er Jahre in den meisten Regionen unter bürokratischen Einflüssen und insbesondere unter dem Druck der Kriterien der Leistungsträger (Renten- und Krankenversicherer) mehr oder weniger gleichförmig geworden. Dies ist unter den Gesichtspunkten von Akzeptanz und Reichweite in der Szene kontraproduktiv. In der Zukunft müssen deshalb erheblich stärkere Differenzierungen vorgenommen werden; idealiter bietet ein regionales Verbundsystem für jede/n Abhängige/n ein individuelles therapeutisches setting. Da dies weder finanziell noch methodisch noch organisatorisch realisierbar sein dürfte, bedarf es wenigstens einer optimalen Vielfalt von Angeboten: große und kleine Therapieeinrichtungen, ambulante und stationäre Therapie, rigide und liberale Konzepte, pädagogische und therapeutische Angebote, Einrichtungen nur für Frauen, Einrichtungen für drogenabhängige Eltern mit ihren Kindern, Therapie für ausländische Drogenabhängige, langzeitige, mittelfristige und kurzzeitige Therapien usw. Die Angebote der drogenfreien Therapie können gar nicht vielfältig genug sein. Denn mehr Vielfalt bedeutet auch mehr Attraktivität.

Zu den bereits in einigen Regionen bewährten niedrigschwelligen Angeboten gehört auf jeden Fall ein Einrichtungstyp, der jederzeit Abhängige aufnehmen kann – und zwar unabhängig von bürokratischen Abläufen wie Antragsfristen für Kostenübernahmescheine und von therapeutischen Hemmnissen wie langen Aufnahmeritualen usw. In der Praxis sind zu solchen Leistungen nur die Selbsthilfegruppen (wie Synanon in Berlin oder Hessen) oder andere *fest finanzierte Einrichtungen* (wie zahlreiche Therapeutische Gemeinschaften in Berlin) in der Lage. Als wichtigstes niedrigschwelliges Angebot braucht jede Region eine solche potente, fest aus Bundes-, Landes- oder Stiftungsmitteln finanzierte Einrichtung.

Ein weiteres bereits bewährtes Angebot im Sinne niedriger Schwellen ist die *streetwork* oder Straßensozialarbeit. Sie muß stärker als bisher gezielt gefördert werden, denn aus nachvollziehbaren Gründen wird sie von den Drogenberatungsstellen immer wieder vernachlässigt (solange nämlich die Einrichtung durch motivierte Klienten personell voll ausgelastet ist). Streetwork ist aber insbesondere unter dem Gesichtspunkt der HIV-Prävention ein unbedingtes Erfordernis.

Ebenfalls in einigen Regionen bereits erprobt sind *Krisenwohnungen,* also Einrichtungen, die noch Abhängigen, die obdachlos geworden sind oder aus anderen Gründen Schutz brauchen, eine Übernachtungsmöglichkeit gewähren, ohne an diese Zuwendung als Bedingung die Forderung nach Drogenfreiheit zu knüpfen.

Ähnliche Versuche sind bereits mit Szenen-nahen *Cafés und Kontaktläden* gemacht worden, in denen ganz im Sinne klassischer Wärmestuben Gesprächskontakte, medizinische Hilfen und Möglichkeiten zur Allgemein-Hygiene (Duschen, Waschen) oder zum Kochen geboten werden, ohne daß die Forderung nach Abstinenz erhoben wird.

Angesichts der Lage der Opiatabhängigen, ihrer ständigen Konfrontation mit dem Betäubungsmittelrecht und anderen juristischen Normen ist eine *kostenlose Rechtsberatung* ein attraktives Angebot, das die üblichen Schwellen zu Hilfseinrichtungen überspringen hilft.

Bei allen diesen Angeboten können Maßnahmen der *Aids-Prävention* mühelos als fakultatives oder verpflichtendes Angebot implementiert werden. Spezielle Angebote nur zur Aufklärung über Aids werden hingegen nach den bisherigen Erfahrungen nicht (oder nicht mehr) angenommen.

Es ist wünschenswert, daß sich aus der Alltagspraxis der Drogenberater und -therapeuten weitere Ideen zu niedrigschwelligen Angeboten entwickeln und daß deren rasche Realisierung nicht an Finanzierungs-Problemen scheitert.

Zu den ersten Überlegungen der sogenannten schwellenlosen Angebote gehört auf jeden Fall eine *Tag und Nacht* zur Verfügung stehende Kontakt- und Beratungsstelle (wie sie bisher ausschließlich in Berlin besteht).

Ferner muß es für die auch nur schwankend Entzugswilligen eine unmittelbar einzuleitende, an keinerlei Vorbedingungen geknüpfte und vor allem nicht durch bürokratische Hemmnisse verstellte *Möglichkeit zur Durchführung des körperlichen Entzuges* geben. Dies ist heute in den meisten Regionen immer noch nicht erreicht.

Für diejenigen, die sich vor dem Entzug fürchten oder die glauben, die Krankenkasse würde ohnehin wieder nur Schwierigkeiten machen (weil schon x Entzüge gescheitert sind), können nach dem Vorbild einer Aktion in New Jersey *Coupons für kostenlosen Entzug* auf der Szene verteilt werden.

Für obdachlose Drogenabhängige wurde zum Beispiel vor einigen Jahren in London ein Haus zur Verfügung gestellt, das im Sinne einer *Fluchtburg für Abhängige* funktionierte, den Abhängigen vollständig überlassen und nur zur Instandhaltung der sanitären Anlagen von Personal betreten wurde. Dieser Typus schwellenloser Angebote ist angesichts des Rechtsempfindens der Mehrheit der Bevölkerung hierzulande wohl nur schwerlich denkbar. Dennoch müssen Überlegungen stärker auch in eine Richtung gehen, die sich an der Grundidee eines menschenwürdigen Lebens auch für Rechtsbrecher orientiert.

Seit die Einrichtungen der Drogenberatung und -therapie sich auch um die Frage einer möglichen HIV-Infektion oder einer Aids-Erkrankung bei ihren Klienten sorgen müssen, werden Überlegungen angestellt, wie mit diesen Abhängigen umzugehen ist. Als Grundprinzip gilt allgemein die *gemeinsame* Betreuung der Drogenabhängigen unabhängig von ihrem Immunstatus. Das gilt nicht nur für die ambulante, sondern auch für die stationäre Betreuung: HIV-positive Drogenabhängige werden in den gleichen Einrichtungen betreut wie

HIV-negative. Einige Einrichtungen bereiten sich auch darauf vor, in größerem Umfang Aids-Kranke gemeinsam mit anderen Drogenabhängigen zu betreuen. Dennoch wird voraussichtlich in Zukunft der Bedarf an speziellen auf die Bedürfnisse HIV-Infizierter und ARC-Patienten unter den Drogenabhängigen eingehender *Pflege- und Betreuungsangeboten ohne den Anspruch strikter Drogenfreiheit* einzulösen sein. In diesen Einrichtungen wird die Frage der medikamentösen Behandlung ebenso eine Rolle spielen wie jetzt bereits bei den Aids-Kranken unter den Drogenabhängigen.
Nicht zuletzt sind alle Überlegungen zu schwellenlosen Angeboten auch in Hinsicht darauf zu sehen, daß sie helfen können, Slums, wie sie in den USA von den legalen und illegalen Süchtigen bevölkert werden, zu vermeiden und einige Grundsätze der Hygiene und des Schutzes der Volksgesundheit auch in der Drogen-Szene zu realisieren. Andererseits kann gerade von der medikamentösen Behandlung auch eine weitere Verwahrlosung begünstigt werden. Wunder wirkt sie nicht. Deshalb sind schwellenlose Angebote immer zunächst auch solche, die ohne Medikamente auskommen sollten.

Was sollte sofort geschehen, was auf Dauer angestrebt werden?

Angesichts der Tatsachen, daß
– die Drogen-Szene unter epidemiologischem Gesichtspunkt die gesellschaftliche Gruppe mit der höchsten HIV-Inzidenz ist
– die Prävalenz heute noch relativ gering (20 bis 30 % der gesamten Szene) ist, aber in dieser Gruppe (anders als zum Beispiel bei Homosexuellen) durchaus nahe an 100 % kommen kann
– die Diskriminierung dieser Gruppe bereits eine lange Tradition hat und angesichts der Angst vieler Menschen vor dem Infektionsrisiko über die Beschaffungsprostitution noch verstärkt wird
– die Lernfähigkeit auch der Drogenabhängigen in Hinsicht auf HIV-Prävention und verantwortliches Verhalten gegenüber ihren Sexualpartnern bereits nachgewiesen ist
sind rasche und energisch vorangetriebene Maßnahmen erforderlich. Es erscheint durchaus als angemessen, wenn ein Sonderprogramm für die HIV-Prävention unter Drogenabhängigen den gleichen Budget-Umfang annimmt wie die bisher für die HIV-Prävention in der Allgemeinbevölkerung und in der homosexuellen Subkultur.

Zunächst müssen drogenfreie Therapieeinrichtungen deutlich weiter ausgebaut und um niedrigschwellige und schwellenlose Angebote erweitert werden (Katalog s.o.). Das bedeutet zum Beispiel, daß es in jeder stark durch Drogenprobleme belasteten Region eine rasch verfügbare Entzugsmöglichkeit für jeden Entzugswilligen geben muß, ferner eine Therapieeinrichtung, die ohne Kostenübernahmeanträge sofort aufnehmen kann, weil sie fest finanziert wird, weiter einen Tag und Nacht erreichbaren Drogennotdienst, Notschlafstellen und andere materielle Angebote im Sinne einer „Suchtbegleitung".

Gleichzeitig muß die Unsicherheit von der Ärzteschaft genommen werden, die durch Presse-Veröffentlichungen entstanden ist, nach denen es in der Bundesrepublik Deutschland *verboten* sei, Methadon beziehungsweise Polamidon zu verschreiben, beziehungsweise es ausgeschlossen sei, beispielsweise für Aids-kranke Drogenabhängige starke opiathaltige Schmerzmittel oder Ersatzstoffe einzusetzen. Dem sollte durch genaue Interpretation des Betäubungsmittelrechtes und der herrschenden Auffassung der Ärzteschaft begegnet werden, die die Beschränkung auf eine strenge Indikation (die durch die Behandlung Aids-Kranker ja schon faktisch in diesen Bereich hinein erweitert ist!) noch einmal begründet.

Auf Sicht muß die Frage der Substitution in dem Sinn geregelt werden, daß

– eine massenhafte Substitution ohne angemessene Indikation in der Praxis des niedergelassenen Arztes, also eine „wilde" Substitution nicht möglich ist

– keine staatlichen Programme, zum Beispiel bei Gesundheitsämtern, entstehen, die die psychosoziale Betreuung zwar im Konzept erwähnen, aber nicht praktisch umsetzen

– das Risiko vermieden wird, daß die gut gemeinten und gut geplanten Angebote der „medikamentengestützten Therapie" letztlich verwahrlosen

– die Behandlung Drogenabhängiger kein Spielball enger landes- oder kommunalpolitischer Interessen wird, sondern weiterhin in einem zwischen Bund, Ländern und Gemeinden abgestimmten Konzept erfolgt.

Dazu ist es eher sinnvoll, die Entwicklung in den Bundesländern zunächst einmal zu beobachten und auszuwerten, um dann Empfehlungen zu geben und eine einheitliche Regelung anzustreben. Zum Vergleich verschiedener Konzepte bieten sich derzeit an:

- Nordrhein-Westfalen mit seinen Polamidon-Modell-Programmen
- Hamburg mit seiner Ärztekammer-Empfehlung zur Anwendung von Polamidon
- Berlin mit seiner grundsätzlichen Ablehnung von Substitutions-Programmen und einer zwischen Ärztekammer, Drogentherapeuten und Drogenbeauftragtem abgestimmten Ausnahmeregelung, die eine Substitution in enger Kooperation zwischen Niedergelassenen, Drogenberatern und Kammer zuläßt (s. Jacobowski 1988)
- die anderen Bundesländer, die Regelungen dieser oder ähnlicher Art bisher nicht getroffen haben.

Auch unter dem Gesichtspunkt der Verbreitung von Aids unter Drogenabhängigen (und möglicherweise durch sie in die heterosexuelle Bevölkerung hinein) muß jede HIV-Prävention von den Bedingungen, die in dieser Szene herrschen, und den Gegebenheiten des bisher entwickelten Systems der Drogenhilfe ausgehen. Auch die Enquete-Kommission Aids hat in ihrem Zwischenbericht (pro Substitution) formuliert, daß sie „organisch in die übrige Drogenarbeit eingefügt werden muß".

## Drogenpolitik im Zeichen der Seuche

Aids ist – um das zu wiederholen – nicht das einzige Problem der Drogenpolitik. Da ist zuallererst die Sucht mit ihrem Zerstörungspotential, dann eine Vielzahl physischer, psychischer und sozialer Folgen, schließlich die Belastung durch die Illegalität. Aber Aids bedroht doch mehr als Hepatits, Aids bedroht existentiell. Und Aids erhöht die Angst der Gesellschaft vor ihren Fixern.

Drogenpolitik war bisher stets ein bescheidener Sektor der Jugend-, Sozial- oder Gesundheitspolitik, auf das jeweils Machbare konzentriert. Aids verlangt – als Zuspitzung aller anderen Bedrohungen in der Szene – von den Drogenpolitikern jetzt das Ende der Bescheidenheit. Sie können sich nicht mehr mit den kleinen Zusatz- und Modellhaushalten abspeisen lassen. Sie brauchen einen starken Schub aus der Politik. Und natürlich das volle Engagement vieler, vieler haupt- und ehrenamtlicher Helfer!

Literatur

Ancelle, R. u. a.: Quarterly reports des WHO Collaborating Center, Paris 1987/88: Aids Surveillance in Europe
Brömer, H. u. a.: Aids in großstädtischen Heroin-Szenen, Berlin 1988
Drogennotdienst: Jahresbericht 1987, Berlin 1988
Elias, H.: Methadonprogramme: Pro, Aids-Brief 3/1988
Heckmann, W.: A low-threshold system without using methadone, Amsterdam 1986
van den Hoek, J. A. R. / Coutinho, R. A. u. a.: Prevalence and risk factors of HIV infections among drug users and drug-using prostitutes in Amsterdam, Aids 1988, 2:55 – 60
Jakubowski, C.: Methadon-Substitution für Drogenabhängige?, Berliner Ärztekammer 9/1988
Kindermann, W.: Taugt Methadon als Heroin-Ersatz, bild der wissenschaft 8/1988
Newman, R. G.: Evaluating Methadone Treatment, Amsterdam 1986
Schoenbaum, E. E. et al.: HIV-Seroconversion in intravenous drug abusers: Rate and risk factors, 3rd Int. Conf. on Aids, Washington, D.C. 1987
Wille, R.: Methadonprogramme: Contra, Aids-Brief 4/1988
Stark, K. u. a.: Drogenabhängigkeit und Aids – Ist der Einsatz von Ersatzdrogen gerechtfertigt? AIFO 2/1988

Dr. Wolfgang Heckmann, Diplom-Psychologe, Bundesgesundheitsamt, Reichpietschufer 74 – 76, 1000 Berlin 30
Von 1971 bis 1986 therapeutische Arbeit mit Drogenabhängigen und von 1978 bis 1986 Drogenbeauftragter des Landes Berlin. 1981/82 Gastprofessur an der GH Kassel, seit 1986 als Wissenschaftler in der AIDS-Forschung am Sozialpädagogischen Institut Berlin, Leiter des Fachgebiets „Psychosoziale Forschung" am AIDS-Zentrum des Bundesgesundheitsamtes. Zahlreiche Veröffentlichungen zum Suchtproblem.

Helmut Hünnekens

# Ausbau der Prävention. Engere Zusammenarbeit von Suchttherapeuten und Ärzten. Orientierung und Sinngebung leben und nicht predigen

Nicht nur die erschreckenden Zahlen von Ersttätern, der umlaufenden Drogenmengen und zuletzt der Drogentoten 1988 verstärken das Gefühl: Wir werden als westliche Gesellschaft mit den Drogen- und allgemeiner dem Suchtproblem nicht fertig. Alle restriktiven Maßnahmen von Zoll, Polizei und Justiz haben uns nicht wesentlich weitergebracht. Das Mißverhältnis zwischen Drogenangebot, verschiedenartiger Bemühungen der Abwehr und Hilfe und der Widerstandsfähigkeit der Angefochtenen und Bedrohten wird immer größer.

Aus einem tiefen Gefühl der Resignation beschleicht einen auch der Gedanke der Freigabe von Drogen in der Meinung: dann wird reiner Stoff angeboten, die Abgabe ist kontrollierbar und das ganze Beiwerk von Kriminalität und sozialem Abstieg wird geringer. Möglicherweise pendelt sich die Zahl der Dauerkonsumenten und Abhängigen nach einem ersten Überschwappen auf eine feste Zahl ein, wie früher bei den Morphinisten.

Bei der Überlegung, ob man im Vorfeld dieser Extremlösung praktikable Möglichkeiten hat, um früher als bisher und an mehr Abhängige heranzukommen, trifft man auf ein bisher nicht gelöstes Dilemma:

Die erforderliche enge Kooperation zwischen Ärzten und Sozialtherapeuten im weitesten Sinne existiert bis auf wenige Ausnahmen nicht, ja, die Bereitschaft dazu ist kaum vorhanden. Jede Gruppe hat ihre Betrachtungsweise und damit ihre Voreingenommenheit und beansprucht die alleinige Zuständigkeit beziehungsweise das Heilmonopol. Die Ärzte halten sich in skandalöser Weise von dem Suchtproblem zurück. Sie sind bestimmt von dem Gedanken: Das ist lästig, zeitraubend, ja gefährlich.

Es tauchen Leute in der Praxis auf, die die anderen Patienten vergraulen. Es entsteht schnell das Image des Drogen- oder Aidsarztes

und schließlich gibt es keine ausreichenden und angemessenen Ziffern in der Gebührenordnung für diese schwierige, zeitraubende und frustrierende Tätigkeit. Dazu kommen die Schwierigkeiten mit den Regeln und gesetzlichen Bestimmungen bei der Verordnung von Arzneimitteln mit Abhängigkeitspotential. Immer besteht die Gefahr, daß ein Ermittlungsverfahren eingeleitet wird.
Das alles hält die Masse der Ärzte zurück, sich mit dem Problem der Süchtigen ernsthaft und ausdauernd zu beschäftigen. Eine präventive Medizin ist nach wie vor unüblich. Auf der anderen Seite ist alle kreative, flexible und risikobereite Sozialarbeit mit neuen Vorstellungen und Experimenten auf die Mitarbeit von Ärzten angewiesen. Bei den Überlegungen, wie man Niedrigschwelligkeit entwickeln und organisieren kann, werden die organisatorischen Folgerungen bedacht und eine neue Einstellung und Haltung propagiert und ermutigt, aber ein Problem wird umgangen oder ausgeklammert: Wenn man die Abhängigen früh erfassen und sie in ihren existentiellen Nöten unterstützen will, muß man ihre bestehende Stoffabhängigkeit tolerieren. Die Folgerung heißt dann, es müssen Gelegenheiten geschaffen werden, in denen steril und angstfrei Drogen konsumiert werden und auch gefixt wird. Es heißt dann lapidar bei einem Schweizer Modell: den Stoff müßt ihr aber draußen besorgen und mitbringen.
Will man also wenigstens für eine gewisse Zeit den Drogengebrauch tolerieren oder durch arzneimittelgestützte Begleitung die sozialtherapeutische Arbeit akzeptabel und effizient machen, ist man auf den fachkundigen, kooperationsfähigen und -bereiten Arzt angewiesen, der dann auch Ersatzstoffe verschreiben sollte. Diese Ärzte existieren aber in erforderlicher Anzahl nicht. Jeder Fachkundige fordert, daß diese Ärzte in der Behandlung von Drogenabhängigen erfahren sein müssen. So bleibt das Programm niedrigschwelliger Angebote oft undurchführbar. Toleranz reicht nicht aus.
Wenn die Sozialarbeit frustriert und erschöpft und in zunehmender Resignation keine große Hoffnung mehr auf wirksame ambulante und/oder stationäre Abstinenzprogramme hat, verfällt sie – wie die Entwicklung zeigt – zunehmend einer unerfüllbaren Heilserwartung durch Arzneimittelstützung. Die gefürchtete Medizinisierung entsteht von selbst; zumal Kostengründe und ein zunehmender körperlicher Verfall, auch durch die Sekundärkrankheiten, dem Vorschub leisten.

Die Bedrohung durch die Aidsinfektion macht die Mitwirkung und die Verantwortung der Ärzte notwendig. Und nach wie vor sind die Ärzte nicht oder nicht genügend vorbereitet und oft auch nicht willens, sich dieser Fragen anzunehmen und Verantwortung zu übernehmen. Sie sind auch ungeübt, mit anderen Fachleuten im Team zusammenzuarbeiten. Viele haben besondere Schwierigkeiten, die Wichtigkeit und Zuständigkeit von Sozialarbeitern zu sehen und anzuerkennen.
Trotz großer Erklärungen und Appelle: die sozialmedizinische und sozialpsychiatrische Ärztegruppe ist eine verschwindende Minderheit. Bezeichnend ist es, in welch geringem Umfang diese Themen in der ärztlichen Fortbildung angeboten werden und auf welche Resonanz sie stoßen. Dieses alles muß man nüchtern und realistisch sehen.
Wir dürfen uns bei den Überlegungen über neue Strategien und Akzente, über eine neue Drogenpolitik keine Illusionen machen. Chancen zur Verwirklichung neuer Ideen haben wir nur, wenn Machbarkeit und auch Finanzierbarkeit sorgfältig geprüft werden. Die Konsequenzen heißen also: Die Sozialarbeit muß den Akzent auf die Prävention legen. Es ist doch bemerkenswert, wie durch unermüdliche Aufklärungsarbeit eine neue Sensibilität für die Umweltbelastungen entstanden ist. Gesundheitliche Lebensführung ermöglicht das Überleben, von daher können Drogen als chemische Innenweltverschmutzung entlarvt werden. Hier lassen sich nach den sichtbaren Bewußtseinserweiterungen bei Umweltthemen, bei der Gesundheitsfürsorge u.s.w. noch viele Analogien für die Prävention im Suchtbereich entwickeln.
Die Sozialarbeit muß selbstbewußter werden ohne Arroganz, kooperationsfähiger ohne das Streben nach Monopol, offener ohne Verhärtung und Voreingenommenheiten.
Als Sozialtherapeut sollte man den Run auf psychotherapeutische Zertifikate aufgeben und sich erinnern, welche Wirkung von dem Charisma der Gründer von Drogentherapieeinrichtungen ausging. Sie brachten sich selbst ein, hatten eine klare persönliche Haltung, die sie lebten und nicht predigten. Sie hatten Selbstbewußtsein und überzeugten auch ohne lizensierte Psychotechnik. Das Erinnern kann neue Impulse für Gegenwart und Zukunft geben. Deshalb sind kleine Einrichtungen mit eigener Atmosphäre und Ausstrahlung ge-

fragt und keine flächendeckenden Großunternehmen. Die Wohlfahrtsverbände sollten das Wohl elender Menschen wiederentdecken und nicht ihre Strategien nach dem Machtzuwachs und dem Monopolgewinn ausrichten und sich nicht bestimmen lassen von Finanzierungs- und Zuschußmöglichkeiten der staatlichen Verwaltungen. So wird vermieden, daß die caritativen Institutionen der Suchthilfe zum Selbstzweck werden und die Drogenpolitik zur Erhaltung des geschaffenen Besitzstandes ausgerichtet wird.

In unermüdlichen Anstrengungen müssen die Ärzte gewonnen werden, damit sie die erforderliche Verantwortung im Kontext mit der Sozialarbeit übernehmen. Sie müssen überzeugt werden von dem humanitären Auftrag. Die Ärztefortbildungen und die Ausbildung der jungen Mediziner müssen dem Suchtthema eine viel stärkere Beachtung widmen. Die jahrzehntelange Erfahrung der Sozialarbeiter in Beratung und Therapie Suchtkranker muß dabei eingebracht werden. So kann durch die Arbeit miteinander, durch Anerkennung und Achtung eine effizientere Kooperation vorbereitet werden. So kann auch für die „Ärzteschwemme" eine Möglichkeit stärkerer ärztlicher Einbindung und Mitarbeit eröffnet werden. Zum Schluß noch einige Gedanken zum Problem der Erreichbarkeit und Effizienz der Therapie:

Ich glaube die These ist nicht richtig, therapiewillig ist nur der, der tief genug im Elend steckt. Es gibt viele Zeichen bei unseren Zeitgenossen, daß sie sich nach Orientierung sehnen, nach einem überzeugenden Sinn, nach mehr als materieller Befriedigung im Strudel nötigenden Überflusses. Sie wollen Freundschaft und Emotionalität in ihrer kalten Isolierung, wollen sinnvollen Einsatz, wollen sozialen Dienst, wollen Mitverantwortung und persönliche Hilfe geben, einfach leben, gesund sein. Die Droge scheint zunächst einige der Sehnsüchte zu erfüllen oder besser die Misere ertragen zu können, aber die Droge verstellt die Reifung zu den ersehnten Erfüllungen.

Wir müssen an uns selbst das Wohlbefinden und die Freude durch Gesundsein sichtbar machen, aber auch die Befriedigung, an einem Werk mitzuwirken mit viel Arbeit und Enttäuschung und Verzicht. Es muß auch das Leiden, die Mühsal, Krankheit und Tod als zum Wesen des Menschen gehörig begriffen und angenommen und nicht als Zumutung abgewiesen werden. Erliegen wir nicht zu sehr dem Zeitgeist, indem wir unseren Abhängigen alles aus dem Weg räumen wollen, in der „Angebotsgesellschaft“ uns zu übertreffen versuchen, wer dem Armseligen mehr Vorteile, mehr materielle Annehmlichkeiten bietet. Das Training des Verzichtes wird oft ausgeklammert. So erzeugen wir selbst neurotische Verwahrlosung. Wir machen sie lebensuntüchtig, indem wir das Unangenehme, das Schmerzliche, das Belastende ausklammern.

So entstehen Mißerfolge. Und dann bleibt nur die Resignation, das Laufenlassen und das sich gegenseitig übertreffende Angebot des leichten Weges bis zum Methadon oder die wütige, ungeduldige Forderung nach immer schärferen Repressionen.

Wir müssen auch die Illusion aufgeben, allen helfen zu können. Man kann nicht mit missionarischem Eifer Unerreichbaren und Unheilbaren, die sich nicht helfen lassen wollen, nachrennen. Wenn es jedem Einzelnen in einem freien Rechtsstaat unbenommen ist, in eigener Entscheidung sich auch selbst zu zerstören, müssen wir das als Realität hinnehmen.

Als letzte Forderung: Wir müssen durch regelmäßige Recreationen und durch Verkürzung des Einsatzes das Ausbluten unserer Mitarbeiter verhindern.

Dr. med. Helmut Hünnekens, Arzt für Kinder- und Jugendpsychiatrie, Arzt für Psychiatrie, Psychotherapie, Gertrudenstraße 41, 4400 Münster
Bis 1981 leitender Arzt des Westfälischen Instituts für Jugendpsychiatrie und Heilpädagogik in Hamm, dort 1970 Einrichtung einer Drogenbehandlungsstation und Gründung des Arbeitskreises für Jugendhilfe. Gründer und bis 1987 Vorsitzender des Hammer Verbundsystems mit Beratungsstelle, Reha-Wohnheim, Zweckbetrieb und Begegnungscafé. Von 1981 bis 1987 Tätigkeit in der Koordinierungsstelle für Drogenfragen des Landschaftsverbandes Westfalen-Lippe.

Harald Illmer

# Strafrechtlichen Druck auf Abhängige verringern und die im Betäubungsmittelgesetz zur Verfügung stehenden sozialtherapeutischen Möglichkeiten konsequenter nutzen

An das Gesetz zur Neuordnung des Betäubungsmittelrechts von 1981 sind große Hoffnungen geknüpft worden. Die Drogenkriminalität sollte durch erhöhte Strafen, durch Schaffung von Verbrechenstatbeständen sowie mit Hilfe einer Kronzeugenregelung eingedämmt werden, während gleichzeitig durch „Erweiterung von sozialtherapeutischen Einwirkungsmöglichkeiten" – wie es in den Materialien zu diesem Gesetz heißt – die strafrechtliche Belastung Abhängiger zugunsten therapeutischer und rehabilitativer Maßnahmen verringert werden sollte. Beide Ziele sind nicht, zumindest nicht im erhofften Ausmaß erreicht worden. Im Gegenteil muß man feststellen, daß Abhängige immer noch im Vergleich zur allgemeinen Kriminalität mit relativ hohen Strafen belegt werden und daß sie sich zu häufig und zu lange in Strafhaft befinden.

Aus einer Statistik des Bundesministeriums für Jugend, Familie, Frauen und Gesundheit für das Jahr 1985 geht hervor, daß 96% der Verurteilungen, die ausschließlich Abhängige betrafen, auf Freiheitsstrafen lauteten und zwar im Durchschnitt von 18,9 Monaten. Davon wurden 39,1% zur Bewährung ausgesetzt. Die Einstellungsquote bei Verfahren, die Abhängige betrafen, ist so niedrig wie nirgends und liegt hiernach bei 0,3%. Diese nüchternen Daten stehen eklatant im Widerspruch zu den Zielvorstellungen des Gesetzgebers, die in dem Schlagwort mündeten: „Therapie statt Strafe". Die Ursache für diesen Widerspruch wird deutlich, wenn man sich mit den Materialien zum neuen BtMG befaßt. Im Bericht des Ausschusses für Jugend, Familie und Gesundheit (Deutscher Bundestag, Drucksache 8/4283) wird nämlich ausgeführt, Zweck und Ziel dieses Gesetzes sei es unter anderem, „kleine bis mittlere drogenabhängige Straftäter mehr als bisher zu einer notwendigen therapeutischen Behandlung zu motivieren, wobei Strafdrohung und Strafvollstreckung nur Hilfsmittel sein

können, den erforderlichen ‚Initialzwang‘ zur Therapiebereitschaft auszulösen“.
Auffallend bei diesem Konzept ist, daß die Strafe dabei von den klassischen Strafzwecken entleert zu sein scheint, ihr sozusagen in erster Linie eine mittelbare Funktion zukommt, nämlich bei dem in der Regel therapieunwilligen suchtkranken Täter den erforderlichen Initialzwang zur Therapiebereitschaft auszulösen oder – wie auch oft formuliert wird – den Leidensdruck von außen zu erhöhen, um so den Abhängigen zur Aufnahme einer Therapie zu motivieren.
Ohne diese konzeptionelle Zielsetzung im neuen BtMG wäre einem offensichtlich kranken Täter gegenüber, der aufgrund seiner Sucht in der Regel erst kriminell wird, Strafe außerordentlich schwer zu begründen. So aber kann sich der Strafrichter mit dem Hinweis auf die therapeutische Zielsetzung, die mit der Strafe verfolgt wird, von dem Legitimationsdruck entlasten. Die gegen den Abhängigen verhängte Strafe erhält dadurch einen – wenn auch außerhalb der gesetzlich vorgesehenen Strafzwecke liegenden – Sinn, der rational plausibel ist, und sie wird danach auch ihrer Höhe und Schwere nach fast immer als im Interesse des Abhängigen begriffen. Nur aus dieser Verknüpfung heraus ist meiner Überzeugung nach das relativ hohe Strafniveau bei Abhängigen zu erklären.
Weil Strafrecht nicht als gesundheitspolitisches Instrument mißbraucht werden darf, weil Strafrecht immer nur ultima ratio sein darf und weil mittlerweile in mehreren Untersuchungen[1] festgestellt worden ist, daß berufliche und soziale Integration bei Abhängigen tendenziell der Drogenfreiheit vorausgeht und daß gerade in posttherapeutischen Phasen die Kriminalisierung von Drogenkonsumenten ein gravierendes Hindernis in dem langwierigen Prozeß des Ausstiegs aus der Sucht bedeutet, aus all diesen hier nur kurz angedeuteten Gründen muß heute sehr ernsthaft darüber nachgedacht werden, wie der strafrechtliche Druck auf Abhängige verringert werden kann, ohne gleichzeitig die im BtMG zur Verfügung gestellten sozialtherapeutischen Hilfen entfallen zu lassen. Denn es ist auf der anderen Seite zu konstatieren, daß gerade der prohibitive und auf Drogenfreiheit gerichtete Ansatz im BtMG dazu führte, daß die politischen Instanzen mit großen Anstrengungen und unter Einsatz erheblicher finanzieller Mittel in relativ kurzer Zeit eine Vielzahl von Therapieeinrichtungen und sozialtherapeutscher Programme schufen und förderten.

Denn der auf Drogenfreiheit gerichtete Anspruch kann nur dann legitimerweise durchgesetzt werden, wenn dafür auch die erforderlichen therapeutischen und rehabilitativen Hilfen jedem, der sie benötigt, auch zur Verfügung gestellt werden können.

Ich bin deshalb der Überzeugung, daß grundsätzlich auch aus Gründen der Klarheit und Konsequenz am prohibitiven und auf Drogenfreiheit gerichteten Ansatz im BtMG festgehalten, daß aber die strafrechtliche Belastung speziell für Abhängige verringert werden sollte. Um dieses Ziel zu erreichen, sollte meines Erachtens die Rechtsprechung durch eine geringfügige Änderung des BtMG darauf hingewiesen werden, daß die Idee, mit Hilfe von Strafe Leidensdruck und damit Therapiemotivation zu erzeugen, nicht nur als Strafzumessungserwägung aus rechtsdogmatischen Gründen außerordentlich problematisch ist, sondern daß im Gegenteil insbesondere durch die bei Abhängigen übliche Vielzahl von Verurteilungen ein hohes Strafniveau der einzelnen Strafe eher demotivierend wirkt, Abhängige letztlich in die Verelendung treibt und auf diese Weise ausgrenzt.

Um in der Systematik des geltenden BtMG zu bleiben, sollte für die obige Ausgangsüberlegung an den Rechtsgedanken des § 29 V BtMG angeknüpft werden. Diese Vorschrift hat in der Rechtsprechung bisher eine äußerst geringe Rolle gespielt, da mit ihr nach herrschender Meinung nur der Drogenprobierer und Gelegenheitskonsument, nicht aber der Dauerkonsument vor der Strafe und der Eintragung ins Strafregister und der damit verbundenen Diskriminierung bewahrt werden soll.[2] Der Anwendungsbereich dieser Vorschrift sollte aus den von mir genannten Gründen auch auf den Abhängigen, also den Dauerkonsumenten, erweitert werden. Dazu müßte dem § 29 V BtMG ein Satz 2 angefügt werden, für dessen Formulierung ich folgenden Vorschlag mache:

„Ist die Tat in den Fällen des Satzes 1 aufgrund einer Betäubungsmittelabhängigkeit begangen worden, sieht das Gericht in der Regel von Strafe ab."

Diese Formulierung würde sich nahtlos in die Systematik des BtMG einfügen. Denn sie knüpft an eine Formulierung an, die der Gesetzgeber bereits im § 35 BtMG gewählt hat und zwar dort mit dem erklärten Ziel, Drogenabhängige nach Möglichkeit von der Strafvollstreckung zu verschonen. Dieser Gedanke würde durch einen so gefaßten § 29 V, 2 BtMG konsequent fortgesetzt werden, so daß damit in einem weiteren Schritt dem Aspekt der Krankheit, der in der Tat des Erwerbes und Besitzes geringer Mengen von Betäubungsmitteln besonders deutlich zum Ausdruck kommt, strafrechtlich Rechnung getragen werden könnte.

Gegenüber einer generellen Entkriminalisierung des Erwerbes und Besitzes geringer Mengen von Betäubungsmitteln hätte diese Gesetzesfassung den Vorteil, daß die Privilegierung tatsächlich nur dem Drogenabhängigen zugute käme, nicht aber dem nichtabhängigen Kleindealer, dem oftmals nicht mehr als der Besitz solch kleiner Mengen von Betäubungsmitteln nachgewiesen werden kann. Schließlich würde die von mir vorgeschlagene Ergänzung § 29 V BtMG auch eine wesentliche Vereinheitlichung der Rechtsprechung in diesem Bereich zur Folge haben. Denn das Absehen von Strafe wäre nach dieser Vorschrift dann bei Vorliegen der genannten Voraussetzungen die Regel. Von ihr könnte nur aufgrund besonderer und im einzelnen zu begründenden Umständen abgewichen werden. In Verbindung mit der Vorschrift des § 153b StPO könnte sich daraus sogar eine nicht unerhebliche Entlastung der Gerichte jedenfalls von der Befassung mit solchen Bagatellfällen ergeben. Denn die Staatsanwaltschaft kann in den Fällen, in denen das Gericht von Strafe absehen kann, das Verfahren bereits vor Anklageerhebung mit Zustimmung des Gerichts einstellen.

Die Vorschrift des § 37 BtMG bringt die vom Gesetzgeber verfolgte Zielrichtung, die gemeinhin mit dem Schlagwort „Therapie statt Strafe“ leicht mißverständlich aber plakativ umschrieben wird, am deutlichsten zum Ausdruck. Gleichwohl hat auch diese Vorschrift nicht die Bedeutung erlangt, die ihr eigentlich zukommt. Das liegt zum einen daran, daß die wenigsten Drogenabhängigen im Ermittlungsverfahren oder im Zeitpunkt der Hauptverhandlung bereits über einen Therapieplatz verfügen und sich schon drei Monate lang in Therapie befinden. Auch scheint die Neigung der Staatsanwaltschaften oder der Gerichte, bei laufenden Therapievorbereitungen mit dem Verfahren innezuhalten, bis die Voraussetzungen des § 37 BtMG erfüllt sind, äußerst gering zu sein. Hinzu kommt auf der anderen Seite, daß der überaus lange Schwebezustand von vier Jahren, in dem das Verfahren nur vorläufig eingestellt ist und in dem es bei einer neuen Straftat des Beschuldigten unter bestimmten Voraussetzungen gar wieder fortgesetzt werden muß, ein weiterer Grund dafür ist, weswegen diese Vorschrift nur mit äußerster Zurückhaltung angewendet wird.

Ich bin deshalb zunächst der Auffassung, daß der lange Schwebezustand, der durch nichts gerechtfertigt ist, verkürzt werden sollte. Wenn schon zur Bewährung ausgesetzte Freiheitsstrafen in der Regel nach zwei oder drei Jahren erlassen werden, ist nicht einsichtig, warum die Beobachtungszeit im Rahmen des § 37 BtMG länger sein sollte. Meines Erachtens sollte deshalb § 37 I,5 BtMG wie folgt neu gefaßt werden:

„Die Tat kann nicht mehr verfolgt werden, wenn das Verfahren nicht innerhalb von zwei Jahren fortgesetzt wird."

Die nach dieser Regelung verbleibende Beobachtungszeit von über einem Jahr nach voll durchgeführter Therapie erscheint mir völlig ausreichend, um festzustellen, ob durch die Therapie eine Stabilisierung eingetreten ist.

Es besteht meines Erachtens ferner ein Bedürfnis dafür, so frühzeitig wie möglich im Strafverfahren eine Weichenstellung zugunsten der Therapie herzustellen. Diesem Bedürfnis wird § 37 BtMG nicht gerecht, da sich die wenigsten Abhängigen – worauf ich schon hingewiesen habe – während des Ermittlungsverfahrens oder im Zeitpunkt der Hauptverhandlung schon in einer Therapie befinden. Für diejenigen Abhängigen, die sich noch in der Phase der Überlegung befinden, ob sie eine Therapie antreten sollen oder deren Therapievorbereitungen noch nicht abgeschlossen sind, sollte zur Förderung oder Aufrechterhaltung der Motivation eine Möglichkeit geschaffen werden, das Verfahren vorläufig unter Erteilung der Weisung, sich innerhalb einer gewissen Frist in eine therapeutische Behandlung zu begeben, einzustellen. Es bietet sich an, dieses Ziel durch eine Ergänzung des § 153a StPO zu erreichen. Die Vorschrift des § 153a StPO sollte danach um eine Ziffer 5 erweitert werden, für deren Wortlaut ich folgenden Vorschlag mache:

„5. sich wegen einer Suchterkrankung in therapeutische Behandlung zu begeben."

Die Frist zur Erfüllung der Weisung sollte wie für § 153a I, Ziff. 4 StPO höchstens ein Jahr betragen.

Mit diesem Ergänzungsvorschlag könnte noch ein weiteres sehr wichtiges Anliegen zumindest teilweise erreicht werden. Denn dadurch, daß die Vorschrift des § 153a StPO im allgemeinen Strafprozeßrecht angesiedelt ist, käme die vorläufige Einstellungsmöglichkeit damit nicht nur dem von illegalen Drogen abhängigen Straftäter zugute, sondern auch dem alkohol- und medikamentenabhängigen Straftäter. Damit wäre zumindest in diesem Bereich eine Gleichbehandlung erreicht und es wäre ein erster Schritt dazu, die Hilfsmöglichkeiten, die dem suchtkranken Täter im Rahmen des BtMG eröffnet werden, auch dem von legalen Drogen abhängigen Straftäter zur Verfügung zu stellen.

Anmerkungen

[1] so zum Beispiel Raschke und Schliehe in „Therapie und Rehabilitation bei Drogenkonsumenten", Langzeitstudie am Beispiel des „Hammer Modells" S. 9ff.

[2] vgl. hierzu Körner, BtMG 2. Aufl., Rd.-Nr. 660

Harald Illmer, Richter am Amtsgericht Frankfurt, Bornstraße 4, 6238 Hofheim
Richter am Amtsgericht in Frankfurt, seit über 12 Jahren mit Betäubungsmittelstrafsachen befaßt.

Walter Kindermann

# Das Drogenrecht sollte modifiziert werden: Akzeptanz und Hilfe statt Stigmatisierung und Strafe

Wozu überhaupt eine gesetzliche Reglementierung des Drogengebrauchs? Ein Blick in die vergleichende Kulturgeschichte zeigt doch, daß – seit es Geschichtsschreibung gibt – zu allen Zeiten und in allen Kulturen, unterschiedlichste Drogen von Menschen zur Erzeugung von Rauschzuständen eingesetzt wurden. Die drei Bände „Rausch und Realität" der Völkerkundlerinnen Gisela Völger und Karin von Welck (1982) etwa beinhalten eine faszinierende Fülle von Beispielen für den engen Zusammenhang zwischen menschlicher Entwicklung und der Suche nach chemischen Möglichkeiten der Bewußtseinsveränderung. Aber auch wer die Literatur zur Kulturgeschichte des Drogengebrauchs nicht griffbereit hat: Warum nicht mal wieder ein Blick in die Heilige Schrift? Auch das Alte Testament hat zu dieser Thematik einiges zu sagen.
Ein etwas sorgfältigerer zweiter Blick in die Kulturgeschichte (wie auch in das Alte Testament) zeigt indessen, daß der Gedankengang „Das war schon immer so, also gar nicht reglementieren" zu kurz greift. Ebenso alt wie der Rauschmittelgebrauch sind nämlich die Bestrebungen, ihn mindestens zu kanalisieren, etwa auf bestimmte Personengruppen (Priester, Propheten, Schamanen, „reife Männer" u. ä.) oder auf bestimmte Gelegenheiten (religiöse Riten, Feste) zu beschränken und jeglichen anderen Gebrauch als verwerflich zu ächten. Die Menschen waren sich offensichtlich schon früh der Zweischneidigkeit der bewußtseinsverändernden Drogen bewußt. Hier der kalkulierte Einsatz als rauscherzeugendes Mittel in religiösem Zusammenhang oder auch als Medikament, da der „lasterhafte" Mißbrauch. In der modernen, säkularisierten Gesellschaft spielt der Einsatz in religiösen Zusammenhängen eine weit geringere Rolle als früher; die Grenzlinie ist heute zu ziehen zwischen dem Einsatz als Medikament oder dem gesellschaftlich tolerierten Gebrauch einerseits und dem individuellen Mißbrauch andererseits.

Also stellen sich heute – wie zu allen Zeiten – die beiden Fragen:
1. Wo liegt die Grenzlinie, wie scharf ist sie zu ziehen? und
2. mit welchen Mitteln ist die Einhaltung dieser Grenzlinie zu sichern?

Das „auserwählte Volk" des Alten Testaments hatte die mosaische Gesetzgebung, die beides regelte. Bei anderen Kulturen waren es Priester oder Schamanen, die die Regeln definierten. Wir aber leben heute in einer anderen Zeit, in einer anderen Gesellschaftsordnung. Kapitalistisch, sagen die einen, marktwirtschaftlich die anderen. Unstrittig ist: Ein großer Teil der tatsächlichen, praktischen, alltagsrelevanten Handlungsorientierungen der Menschen in unserer Gesellschaft ist beeinflußt von wirtschaftlichen Gesetzmäßigkeiten, von materiellen Gegebenheiten, von Angebot und Nachfrage, von Leistung als Kapital. Dächten wir heute auch im Hinblick auf Drogen strikt „liberal" und „marktwirtschaftlich", könnte eine zeitgemäße Regelungsform sein:
1. Alle Drogen legal und
2. alle Drogen angemessen besteuert.

Also: Alles ist verfügbar. Alles hat seinen Preis.

Für die Drogen Alkohol, Tabakwaren, Kaffee, Tee und in eingeschränktem Maße für Psychopharmaka trifft dies im Prinzip heute auch zu. (Das müßte ja nicht so sein. Denken wir zurück: Auch der Gebrauch von Tabak und Kaffee stand einmal unter strengen Strafen.) Daß wir ein Betäubungsmittelgesetz haben, zeigt aber, daß sich auch unsere heutige Gesellschaftsordnung nicht *allein* aus den Gesetzen des Marktes heraus definieren läßt. Fügten wir den Kriterien „liberal" und „marktwirtschaftlich" noch das Merkmal „sozial" hinzu, so müßten wir ergänzen:
3. Alle Steuereinnahmen für Suchthilfe.

Das ist bei weitem nicht der Fall. Die jährlichen Steuereinnahmen in der Bundesrepublik Deutschland aus Alkohol und Tabakwaren liegen bei über 20 Milliarden DM (DHS, 1989). Die Ausgaben für Suchthilfe sind weit geringer. Wir leben also in einer gesellschaftlichen Situation widersprüchlicher Einstellungen zu Suchtmitteln: Einerseits profitiert der Fiskus vom Gebrauch, andererseits trägt die Gesellschaft die Schäden. Einerseits motiviert die Industrie mit immensen Werbemitteln zum Alkohol- und Tabakkonsum, andererseits weisen Krankenkassen, Bundeszentrale für gesundheitliche Aufklärung und die Gesundheitsminister auf die schädlichen Konsequenzen hin.

Das Bild unserer Gesellschaft ist komplex. Weder sind die Orientierungen „liberal“, „marktwirtschaftlich“ und „sozial“ jeweils *konsequent* in gesellschaftliche Ordnungen umgesetzt, noch sind sie stets miteinander voll in Einklang zu bringen, noch erschöpft sich in diesen drei Begriffen das Orientierungspotential, das gesellschaftlichem Handeln zugrunde liegt. Eine ganze Reihe weiterer Orientierungen greift mit unterschiedlicher Kraft in das Geschehen ein. Deshalb und aus vielen weiteren Gründen ist zuallererst Bescheidenheit bezüglich des Anspruchs an die Regelung sozialen Verhaltens angezeigt. Jegliche Omnipotenzphantasie auch in der Regelung von Sucht ist zum Scheitern verurteilt. Das Suchtproblem ist nicht mit staatlichen Regelungsinstrumenten lösbar.

Mitten in diese Situation der Komplexität und der Widersprüchlichkeiten trifft nun der Gebrauch von illegalen Drogen. Die Trennung zwischen legal und illegal erfolgt dabei nicht primär nach Kriterien der Schädlichkeit (es sterben weit mehr Menschen an den Folgen des Gebrauchs von Alkohol oder Nikotin als etwa an den Folgen des Gebrauchs von Heroin oder gar Cannabis), sondern stärker nach Kriterien der gesellschaftlichen Akzeptanz. Diese aber unterliegt historischem Wandel. Vor zwei Jahrzehnten war Cannabis eine „exotische“ Droge, gebraucht von einigen „ausgeflippten“ jungen Leuten. Heute ist Cannabis eine „etablierte“ Droge bei nicht unbeträchtlich großen Gruppen junger Menschen. Und nicht nur bei jungen Menschen. Die „ausgeflippten“ jungen Konsumenten der 60er Jahre sind älter geworden, viele sind etabliert, etliche in gesellschaftlich angesehenen Positionen und manche davon rauchen auch heute noch, als „Vierziger“ gelegentlich „ihr Pfeifchen“. Freilich ohne in die Gefahr der Berührung mit der Strafjustiz zu geraten. Hätte man 1968 eine vertrauliche Umfrage unter Bundestagsabgeordneten (oder Amtsrichtern, oder Priestern, oder Hochschullehrern) nach den persönlichen Erfahrungen mit Cannabis durchgeführt, der Prozentanteil der Gebraucher hätte wohl gegen Null tendiert. Man kann nur spekulieren, wie hoch er heute wäre. Sicher ist: Höher. Das Beispiel USA – der Bundesrepublik stets etwas voraus – zeigt, daß auch „harte“ Drogen wie Kokain in etablierte Gesellschaftsschichten Eingang finden können.

Das tatsächliche Verhalten der Menschen in einer Gesellschaft läßt auf Dauer die sozialen Normen nicht unbeeindruckt. Deren Veränderung wiederum wirkt, zeitverzögert, auf die justitiellen Normen. Die Problematik des Schwangerschaftsabbruches ist hier nur die spektakulärste Analogie.

Extrem formuliert: Eine soziale Gemeinschaft verliert ihre Glaubwürdigkeit, wenn sie etwas unter Strafe stellt, beziehungsweise damit droht, was längst (fast) alle Mitglieder tun. Sanktionen wie die Sintflut überschreiten die Kompetenz menschlicher Justiz. Sie verliert auch ihre Glaubwürdigkeit, wenn die Definitionen dessen, was erlaubt oder nicht erlaubt ist, willkürlich erscheinen.

Auf der anderen Seite verlieren Normen ihren Sinn, wenn sie nur nachvollziehen, was geschieht. Normen sollen und müssen Grenzen für das Verhalten ziehen. Sie müssen in Kenntnis der Realität, aber im Blick auf weitergehende Ziele der positiven Verhaltensbeeinflussung vernünftig definiert werden. Und es ist im Verlaufe des geschichtlichen Wandels immer wieder zu überprüfen, inwieweit die Normen *situationsadäquat* (das heißt nicht an der Realität vorbei), *gerecht* (das heißt nicht willkürlich) und *effektiv* im Sinne der postulierten Ziele sind.

Welche Ziele waren mit der Novellierung des Betäubungsmittelgesetzes vom 28. Juli 1981 verbunden? Der Gesetzgeber:

„Neben dem Ziel der Anpassung an die internationalen Suchtstoffabkommen und die supranationalen Vorschriften und der Vereinfachung und übersichtlicheren Darstellung ist Zweck und Ziel dieses Gesetzes außerdem:

1. Dem Schutz der menschlichen Gesundheit zu dienen,
2. den Verkehr mit Betäubungsmitteln so zu regeln, daß a) dessen Sicherheit und Kontrolle gewährleistet, b) die notwendige medizinische Versorgung der Bevölkerung sichergestellt und c) der Mißbrauch von Betäubungsmitteln sowie das Entstehen oder Erhalten einer Betäubungsmittelabhängigkeit verhindert wird,
3. die Voraussetzungen für eine angemessene Ahndung auch der besonders gravierenden Rauschgiftdelikte zu schaffen, die nach Zahl und Schwere trotz der Verschärfung der Strafvorschriften durch die Novellierung im Jahre 1971 ständig zugenommen haben,
4. kleine bis mittlere drogenabhängige Straftäter mehr als bisher zu einer notwendigen therapeutischen Behandlung zu motivieren, wobei

Strafdrohung und Strafvollstreckung nur Hilfsmittel sein können, den erforderlichen „Initialzwang“ zur Therapiebereitschaft auszulösen.“ (BT-Drucksache 9/27 S. 27, zitiert nach Eberth & Müller, 1982)

Das erste Ziel ist so allgemein formuliert, daß sich schwerlich nachweisen läßt, inwieweit das Gesetz diesem Ziel gerecht wird oder nicht. Es wird aber wohl niemand die gute Absicht bestreiten wollen.

Das Ziel 2a. wurde sicherlich nicht erreicht. Vernünftigerweise ist es aber auch nur als Optimalziel zu verstehen, das anzustreben, aber niemals gänzlich zu erreichen ist.

Das Ziel 2b. wurde ebenfalls nicht gänzlich erreicht. Zumindest klagen Schmerztherapeuten immer wieder über eine unzureichende palliative Therapie bei terminal Erkrankten (vgl. etwa den Aufruf der „Gesellschaft zum Studium des Schmerzes für Deutschland, Österreich und die Schweiz“ in Zenz, 1984). Ähnliche Klagen gibt es von Drogenberatern bezüglich der medizinisch indizierten Substitution bei aidskranken Drogenabhängigen. Solche Mängel in der „medizinischen Versorgung der Bevölkerung“ sind aber auch nicht direkt dem Gesetz anzulasten, sondern vielmehr Ausdruck der Unsicherheit von Ärzten, medizinisch indiziertes und gesetzlich zulässiges Handeln auch auszuüben. Nötig sind Maßnahmen zur Aufhebung solcher Unsicherheit.

Ebenfalls nicht „verhindert“ wurde 2c., „der Mißbrauch von Betäubungsmitteln sowie das Entstehen oder Erhalten einer Betäubungsmittelabhängigkeit“. Andererseits ist es durchaus denkbar, daß ohne ein BtMG Mißbrauch und Abhängigkeit noch stärker verbreitet wären. Deshalb sind auch Überlegungen nach einer generellen „Abschaffung des BtMG“ zwar möglich, die Konsequenzen aber nach meiner Einschätzung auf absehbare Zeit nicht verantwortbar.

Nötig ist indes

a) eine offenere gesellschaftliche Diskussion über die Verdrängungsleistung, die wir gegenüber dem Gebrauch legaler Drogen durch die strafrechtliche Verfolgung der illegalen Drogen erbringen und

b) eine sorgfältigere Abstufung der verschiedenen, im BtMG genannten Drogen zum Beispiel nach Kriterien der Schädlichkeit. Cannabis ist in der Tat etwas anderes als Heroin, muß also auch anders behandelt werden.

Beim Ziel 3. wird in der Tat deutlich, daß hier ein Gesetz wirklich nur Voraussetzungen schaffen kann. Damit die Ahndung effektiver wer-

den kann, sind noch ganz andere Maßnahmen nötig. Die hierzulande diskutierte und in anderen Ländern realisierte Möglichkeit der Abschöpfung von Gewinnen aus dem Drogenhandel weist darauf hin, daß effektive Maßnahmen zum Beispiel Wirtschafts- oder Außenpolitik nachhaltig tangieren. Berndt-Georg Thamm geht hierauf in seinem Beitrag näher ein. Es werden hier vielfältigste internationale Vernetzungen deutlich, Interessenkonflikte zwischen Suchtbekämpfung einerseits und der Außenpolitik befreundeter Staaten andererseits, die durch die Gesetzgebung in der Bundesrepublik Deutschland überhaupt nicht beeinflußt werden, deren Konsequenzen sich gleichwohl hier auswirken.
So deutet alles darauf hin, daß sich Novellierungsüberlegungen bezogen auf das BtMG zum gegenwärtigen Zeitpunkt auf das Ziel 4. konzentrieren müssen.
Hier wurde insbesondere mit den §§ 35ff. BtMG die Intention verfolgt, „kleine bis mittlere drogenabhängige Straftäter", das heißt die Konsumenten „mehr als bisher zu einer notwendigen therapeutischen Behandlung zu motivieren", Schlagwort „Therapie statt Strafe".
Der beabsichtigte „Initialzwang" hat allerdings in der Praxis häufig höchst unerwünschte Nebenwirkungen gezeitigt.
Zum einen zeigt die Praxis, daß sich die Gesetzesvorschriften sehr oft in einer „Therapie, *sonst* Strafe"-Regelung niederschlagen. Da die Sucht meist hartnäckiger ist als die Wirkung der Strafandrohung, wächst die Strafzeitbelastung der Abhängigen immer mehr an. Die im Gefängnis verbrachte Zeit liegt heute statistisch dreimal so hoch wie die in Therapieeinrichtungen. Je länger die Sucht besteht, desto ungünstiger wird das Verhältnis mit der Folge, daß die negativen Konsequenzen der langen Haft die beabsichtigten positiven Wirkungen des „Initialzwangs" in der Regel übersteigen. Hier hat das Gesetz nicht die erwünschten Wirkungen gebracht. Es hat sich vielmehr gezeigt, daß juristische Mittel zur Steuerung von Entwicklungsproblemen in der Regel untauglich sind. Ebenfalls hat hier die Praxis den Lehrsatz der Psychologie bestätigt, daß es keine Motivation „von etwas weg" geben kann, solange sie nicht durch eine Motivation „zu etwas anderem hin" ergänzt wird.
Zum anderen ist zu berücksichtigen, daß das Prestige freier Therapie durch die Verknüpfung mit dem Strafrecht nicht positiv gefördert wurde. Gelegentlich wird sogar diffamierend und sachfremd von

„Therapie als Strafe" gesprochen. Mittlerweile gibt es auch weitverbreitete Vorurteile, die freie Drogenhilfe „profitiere" von der strafrechtlichen Verfolgung der Drogenabhängigen. Dies ist falsch. Vielmehr behindert die Kriminalisierung der Suchterkrankung therapeutische Prozesse in vielfacher Form:

– Die Kriminalisierung der Suchterkrankung verstärkt das negative Selbstbild des Abhängigen und erschwert damit therapeutische Zugänge.

– Sie reduziert die Veränderungsmotivation tendenziell auf Justizvermeidungsstrategien.

– Sie führt in vielen Fällen sogar dazu, daß Therapie später angetreten wird, als vom Entwicklungsprozeß des Abhängigen her möglich, nämlich erst dann, wenn es sich wegen einer Auflage „auch lohnt". Ich bin davon überzeugt, daß es ohne die strafrechtliche Verfolgung kaum weniger Therapiemotivierte gäbe. Allerdings wäre dann die Therapiemotivation stärker an die Abhängigkeit selbst gebunden und damit besser in Entwicklungschancen umsetzbar.

– Sie gefährdet auch massiv den Therapieerfolg. Therapeutisch könnten wir nämlich durchaus auch mit Rückfällen flexibel arbeiten. Ein Rückfall ist nicht zwangsläufig gleichbedeutend mit einem Scheitern der Suchtemanzipationsbemühungen, sondern kann ebenso ein notwendiger Schritt hin zur letztlichen Drogenfreiheit sein. Wird jedoch aus einem Rückfall ein „Wiederholungsdelikt" mit seinen strafrechtlichen Folgen, ist dieser Weg wieder in Frage gestellt. Ja, nicht einmal rechnerisch „profitiert" die freie Therapie von der Strafverfolgung. Am Beispiel unserer Therapeutischen Einrichtung Eppstein: Etwa 40% der Klienten sind hier *ohne* justitielle Auflagen. Die Warteliste befragt etwa 200% der Therapieplätze. Die Therapieeinrichtungen wären also auch ohne BtMG mehr als ausgelastet.

Daraus folgt für die Drogenhilfe:

Wir haben Verständnis dafür, daß unsere Gesellschaft „besonders gravierende Rauschgiftdelikte" strafrechtlich verfolgt. Wir haben Verständnis dafür, daß Straftäter nicht nur deshalb exkulpiert werden, weil sie abhängig sind. Aus unserer Sicht ist es hingegen nicht erforderlich *Besitz und Erwerb* illegaler Drogen *zum Eigengebrauch* mit Gefängnis zu ahnden.

Die wichtigsten Aspekte noch einmal zusammengefaßt:

1. Wir brauchen eine breite und offene Diskussion in unserer Gesellschaft über die Ungleichbehandlung verschiedener Suchtformen. Überspitzt formuliert haben wir drei Klassen von Abhängigen: a) Medikamentenabhängige bekommen ihren „Stoff" in der Regel auf Rezept; b) Alkoholabhängige können ihn – relativ – preisgünstig und durch Werbung heftig unterstützt im Supermarkt kaufen; c) Abhängige von illegalen Drogen haben kaum eine Chance, dem Gefängnis zu entgehen. Diese Diskussion muß mit dem Ziel der Rücknahme der einseitigen Stigmatisierung der Abhängigen von illegalen Drogen als Grundlage für eine realitätsgerechte und gerechte Gesetzgebung geführt werden.

2. Als Nahziel sind die bereits gegebenen Möglichkeiten des heutigen BtMG durch extensive Auslegung so auszuschöpfen, daß die Strafhaft auch in der Rechtspraxis wirklich auf ein allerletztes Mittel reduziert bleibt. (Detaillierte Vorschläge dazu wurden unter Mitwirkung des Autors in einer Arbeitsgruppe unter dem Vorsitz von Prof. Kreuzer erarbeitet.) Dies ist jedoch nur aussichtsreich, wenn parallel die Suchthilfe einen deutlichen quantitativen und qualitativen Ausbau erfährt.

3. Als weiteres Nahziel ist eine Novellierung des BtMG dahingehend zu verwirklichen, daß Besitz und Erwerb von Drogen zum Eigengebrauch nicht mehr unter Strafe gestellt werden. Die Definition von Eigenverbrauchsmengen und die Art der Regelung wären noch zu diskutieren. Mindestens aber ist eine Differenzierung der verschiedenen Drogen und eine Abstufung der Sanktionen im Gesetz dringlich.

Motto aller Maßnahmen müßte sein: Akzeptanz und Hilfe, statt Stigmatisierung und Strafe.

Literatur

Deutsche Hauptstelle gegen die Suchtgefahren: Jahrbuch 1989

Eberth, A. & Müller, E.: Betäubungsmittelrecht. München, 1982

Stemberger, G. & Prager, M. (Hrsg.): Die große Bibel. Salzburg, 1975

Völger, G. & von Welck, K. (Hrsg.): Rausch und Realität. Reinbek bei Hamburg, 1982

Zenz, M.: Leitlinien bei der Therapie von Krebsschmerzen. Medita 5/84, S. 29–32

Dr. Walter Kindermann, Diplom-Psychologe, Corneliusstraße 15, 6000 Frankfurt 1

Seit 1974 in der Drogenarbeit, zunächst Aufbau einer Drogenabteilung in der Justizvollzugsanstalt Berlin-Tegel; seit 1979 Projektleiter an der Technischen Universität Berlin; seit 1983 fachlicher Leiter beim Verein Jugendberatung und Jugendhilfe in Frankfurt, Schwerpunkt Suchtforschung. Verschiedene Veröffentlichungen zur Drogenarbeit und Suchtforschung.

Harald H. Körner

# Anstelle Strafverfolgung der Drogenabhängigen begrenzte Straffreiheit zur medizinischen und psychosozialen Behandlung

## I. Ist die bisherige Drogenpolitik gescheitert?

Frustration, aggressive Polemik und maßlose Forderungen bestimmen derzeit die öffentliche Diskussion um Änderungen der Drogenpolitik. Man hört die Doppelstrategie der vergangenen Jahre: Härte gegen Drogenhändler, Milde gegenüber Drogenabhängigen, sei gescheitert. Die Befürworter einer weiteren Repression (bessere Ausrüstung von Polizei und Zoll, weitere Spezialbestimmungen im BtMG und in der StPO, Rechtsgrundlagen für ein neues Bündel verdeckter Ermittlungsmethoden) stehen kompromißlos den Vertretern einer Liberalisierung gegenüber

a) Man hört nicht selten, die Therapievorschriften der §§ 35ff. BtMG seien mißlungen und deshalb zu streichen. Die staatlich verordneten Therapieeinrichtungen würden von den Drogenabhängigen nicht angenommen. Die Zahl der Aidskranken und Herointoten steige stetig, während der Staat die Gelegenheit verpasse, wirksame Maßnahmen gegen die sich ausbreitende Drogensucht zu unternehmen.

b) In gleicher Weise wird vielfach die Bekämpfung des internationalen Drogenhandels als gescheitert angesehen, weil man mit teilweise bedenklichen Strafverfolgungsmethoden und mit den hohen Strafen des BtMG doch nur kleine Straßenhändler und nicht die gefährlichen Hinterleute erreiche,

c) weil man der Drogenszene doch nur 5 bis 10% der im Umlauf befindlichen Betäubungsmittel entziehen könne. So fordern viele Bürger, Journalisten, Politiker, man solle unter eine jahrelange gescheiterte Drogenpolitik einen Schlußstrich ziehen, das BtMG ersatzlos streichen und alle Betäubungsmittel einfach freigeben. Die Befürworter einer uneingeschränkten Drogenfreigabe beruhigen sich mit den Ergebnissen von soziologischen Untersuchungen, wonach es seit den frühen Hochkulturen bis zum heutigen Tag Drogen und Drogenmißbrauch gegeben habe und die Bürger der heutigen Industrienationen auch ohne Strafverfolgung und gesetzliche Eingriffe ihr Drogenproblem im Wege der Selbstheilung lösen könnten. Sie verharmlosen die Wirkungen der harten Drogen und setzen die Opiatsucht mit Alkoholsucht gleich.

Man kann sicherlich nicht mit den bescheidenen Strafverfolgungs- und Therapieerfolgen zufrieden sein. Ich bin es auch nicht. Dennoch kann von einem Scheitern der Drogenpolitik nicht die Rede sein. Unsere unbefriedigenden Erfahrungen aus der Vergangenheit sind das wertvollste Kapital für Reformüberlegungen in der Zukunft. In jedem Einzelfall vermögen Sicherstellung oder Therapieerfolg einzelnen Menschen zu helfen. Jedes Gramm eines Betäubungsmittels, das dem Markt entzogen wird, kann nicht mehr gefährliche Wirkungen entfalten. Es ist vermessen, bei einer so schwierigen Arbeit wie der Drogentherapie oder der Bekämpfung des internationalen Drogenhandels hohe Erfolgsziffern zu erwarten. Auch in anderen Lebensbereichen ist dies nicht anders, daß umfangreiche Bemühungen trotz niedriger Erfolgsziffern gesellschaftlich wichtig und wertvoll sind: Ein Arzt, der nur 5% seiner Krebskranken heilen kann, wird deshalb seinen Beruf nicht aufgeben, sondern wird sich weiter um diese 5% kümmern. Eine Partei, die 5 bis 10% der Wähler erreicht, wird sich deshalb nicht auflösen, sondern wird sich weiter bemühen um die 5% und auch weitere Wähler zu gewinnen. Eine Lehrerin, der nur 5% der Schüler zuhören, wird vermutlich auch ihren Beruf nicht aufgeben wollen, sondern ihren Unterricht verbessern. Es ist sicherlich nicht befriedigend, daß man sowohl bei der Drogenbekämpfung als auch bei der Drogentherapie nur so wenig erreicht. Es kann aber nur Anlaß sein, Reformüberlegungen anzustellen, nicht Anlaß sein, die Arbeit aufzugeben. Ich halte nicht viel von extremen Positionen, weder von denen, die den Drogenkonsum verherrlichen oder verharmlosen, noch von denen, die ihn über Gebühr dämonisieren. Es gilt aus Repression und Liberalisierung Verbesserungsvorschläge zu entwickeln und für eine Reform zu nutzen. Eine Reform, die möglichst viele Stimmen hinter sich vereint, ist am leichtesten zu verwirklichen, zum Wohle der Suchtkranken und der Gesellschaft.

## II. Wäre die absolute Freigabe von harten und/oder weichen Drogen eine erfolgversprechende Alternative in der Drogenpolitik?

### 1. Moralische Bedenken

Man könnte sich ohne weiteres vorstellen, daß im Falle der Freigabe aller Betäubungsmittel die Zigarettenkonzerne – wie bereits am Ende des 19. Jahrhunderts – Haschischzigaretten und Haschischpäckchen über den Tabakfachhandel und über Automaten dem Verbraucher anbieten und durch verstärkte Werbung weitere Bevölkerungsschichten für den Cannabiskonsum gewinnen würden. Schwerer vorstellbar ist schon, daß die Pharmakonzerne harte Drogen wie Heroin, Morphin, Opium und Kokain aber auch Metaqualon, Tilidin und Aphetamin, die sie wegen des hohen Suchtpotentials in der Vergangenheit nach Unterstellung unter das BtMG vom Markte nahmen, nun als rezeptfreies und apothekenfreies Genußmittel in Tütchen und popigfarbigen Blechdöschen in Kaufhäusern, Drogerien und Apotheken absetzen würden. Entsprechend der Markt- und Werbungsstrategien der Tabakskonzerne würde für die Betäubungsmittelprodukte ein breiter Markt geschaffen. Die Bundesrepublik Deutschland hat als zivilisierter Rechtsstaat trotz des Prinzipes der Straflosigkeit von Selbstschädigungen durch Drogen (Stree, Beteiligung an vorsätzlicher Selbstgefährdung, Jus 1985, Seite 179ff.) durch ein dichtes Netz von Schutzgesetzen und strafrechtlicher Nebengesetze Vorsorge getroffen, daß nicht gesundheitsschädliche Nahrungs- und Genußmittel, Arznei-, Reinigungs- und Körperpflegemittel der Volksgesundheit Schaden zufügen. Die Hersteller dieser Produkte werden nicht nur zu einer langen Erprobung ihrer Produkte verpflichtet, sondern ständig überwacht, daß sie keine Produkte auf den Markt bringen, die bei bestimmungsgemäßem Gebrauch den Menschen Schaden zufügen. Diese Gesundheitsfürsorge des Staates, der zur Verwirklichung dieser Ziele zahlreichen internationalen Abkommen beigetreten ist, erlaubt es nicht, ohne Änderung des Sozialsystems Stoffe, deren Suchtcharakter und lebensbedrohliche Auswirkungen unumstritten sind, wie Zucker und Mehl, seinen Bürgern zur freien Verfügung zu überlassen nach dem Motto: Wenn ihr euch gegenseitig umbringen wollt, so könnt ihr dies tun.

2. Wirkungslosigkeit einer absoluten Drogenfreigabe

Die Theorien, daß das BtMG nichts Positives bewirken könne oder nichts bewirkt habe, daß im Gegensatz nicht zeitgemäße, repressive Strafvorschriften die Drogenkriminalität nur gefördert hätten und daß bei Streichen des BtMG die Drogenkriminalität entfiele, sind aus meiner Sicht vordergründig. Niemand kommt auf den Gedanken, den Diebstahlstatbestand des § 242 StGB abzuschaffen, weil die Kriminalpolizei es nach Jahrzehnten immer noch nicht geschafft hat, die Diebstahlskriminalität in den Griff zu kriegen. Der Wegfall des BtMG würde nur viele Personen ermutigen, sich einmal im Rauschgiftgeschäft zu versuchen. Sowie man aber bei der Streichung des Diebstahlstatbestandes nur den Tatbestand, nicht aber die Wegnahmehandlungen beseitigen kann, würde eine Streichung des BtMG nur die Straftatbestände beseitigen. Die illegalen Drogenhändler blieben uns nicht nur erhalten, sondern vermehrten sich. Ein gutes Beispiel hierfür sind die Niederlande. Die Niederlande sind bekanntermaßen ein sehr liberales Land, das mit Rauschgifthändlern großzügig, sehr milde umspringt. Die Folge ist, daß die Niederlande heute die größte Dealerdichte von ganz Europa aufweisen. In den Niederlanden ist eine Magnetwirkung eingetreten, daß hier nicht nur der Stoff für die ganzen umliegenden Länder gelagert wird, sondern auch, daß die Drogenlieferanten für die Nachbarstaaten sich hier versammeln. In Abwandlung des Werbespruches der Niederlande: Käse aus Holland, frisch auf den Tisch!, gibt es heute in den Niederlanden nicht nur Drogencafés, sondern Drogenshops, eine Drogenbörse im Rundfunk, einen telefonischen Lieferservice, der Drogen aller Art per Motorradkurier ins Haus anliefert.

Es würde eine Freigabe der Drogen zwar zu einem Rückgang der Beschaffungskriminalität, zu einem Preisabfall, aber mit großer Wahrscheinlichkeit auch zu einem vermehrten BtM-Konsum führen, wie die Beispiele des Alkohol- und Tablettenmißbrauches zeigen. Wenn jeder in unbegrenzter Menge an Betäubungsmittel gelangen kann, so wird der Betäubungsmittelmißbrauch mit den gleichen Zuwachsraten steigen wie der Alkohol- und Tablettenmißbrauch. Für eine erhebliche Steigerung der Drogenabhängigen nach Drogenfreigabe spricht insbesondere das Wesensmerkmal der Opiatsucht, die ausgeprägte Tendenz zur Dosissteigerung. Die Erwartung, ein Kaufmann, ein Arzt oder ein Apotheker, der bestimmte Drogen legal an den Drogenabhängigen herausgäbe, könne den Drogenabhängigen von den Gefahren der illegalen Drogenszene fernhalten und den Abhängigen zu einem geordneten Drogenkonsum bringen, ist falsch. Der Drogenabhängige, der eine bestimmte Betäubungsmittelmenge vom Arzt oder Apotheker bekommt, wird in absehbarer Zeit eine bestimmte Menge mehr brauchen und sich deshalb bei verschiedenen legalen wie illegalen Lieferanten eindecken müssen. Die illegalen Händler würden ihr Geschäft nicht an legale Händler abgeben, sondern sie würden sich an die Kunden wenden, an die legale Händler nicht verkaufen würden, also beispielsweise an Kinder und Kranke.

Ich widerspreche der grundsätzlichen These, das Prinzip: „Therapie statt Strafe“ wäre gescheitert, wie man es derzeit häufig hört. Die Vorschriften sind aber lückenhaft und zu verbessern. Die Vorschriften würden nämlich auch für den Fall gebraucht – und das wird vielfach übersehen –, wenn man alle Drogen freigäbe. Auch wenn man den Erwerb und den Besitz von Strafandrohung befreien würde, würden diese Bestimmungen ihre Bedeutung behalten. Denn man darf nicht übersehen, daß anstelle einer Beschaffungskriminalität – wie wir sie heute haben – bei einer Freigabe von Drogen die sogenannte Drogenfolgekriminalität weiter anwachsen würde. Damit sind gemeint: Verkehrsdelikte oder Gewaltdelikte unter Drogeneinfluß. Auch bei diesen Delikten macht es einen Sinn, die Betäubungsmittelabhängigkeit als Grundlage dafür zu nehmen, daß anstelle einer Freiheitsstrafe eine Therapie eingeleitet werden kann.

Ein weiteres Problem stellt sich für den Fall einer Freigabe: Je mehr Drogen, je mehr Drogenarten frei zur Verfügung stehen, um so mehr Betäubungsmittelsorten werden überkreuzt, durcheinanderkonsumiert. Im Rahmen der Behandlung des Drogenabhängigen ist aber nichts schwieriger als die Behandlung der Politoxikomanie, der Vielfresserei der verschiedensten Stoffe. Die Politoxikomanie ist eine der häufigsten Ursachen des Drogentodes. Es würde mit anderen Worten im Fall einer uneingeschränkten Drogenfreigabe eine Drogenfreßwelle drohen mit Betäubungsmitteln an Trinkhallen, Automaten und im Supermarkt, mit noch mehr Drogenleichen auf Geschäftsstraßen, in U-Bahn-Höfen und Toilettenanlagen.

Wichtiger als eine absolute Drogenfreigabe erscheint mir eine umfassende, nüchterne Aufklärung über die Gefahren des Drogenkonsums und die Hilfe des Staates in Kommunen und Ländern für Drogenabhängige, unabhängig davon, ob dieser drogenfrei leben will oder nicht, unabhängig davon, ob er eine Therapie machen will oder nicht.

## III. Gesetzliche Verbesserungsvorschläge für Drogenabhängige

Drogenabhängigkeit ist häufig eine schwere Krankheit. Strafverfolgung ist fehl am Platze, um Suchtkranke zu heilen oder etwa um Suchtkranke von suchtbedingten Straftaten abzuhalten. Der Gesetzgeber hat sich aber entschieden, anstatt die Drogenabhängigen den Ärzten oder Gesundheitsämtern zu überantworten, durch Schaffung des Betäubungsmittelgesetzes den Juristen die Verantwortung zuzuschieben. Wir müssen diese Verantwortung wahrnehmen kraft Gesetzes, ob uns dies gefällt oder nicht gefällt. Staatsanwälte und Richter, dies sei vorausgeschickt, sind bei dieser Aufgabe überfordert.

1. In der öffentlichen Diskussion wird vielfach übersehen, daß das Konsumieren von Betäubungsmitteln bereits straflos ist (vgl. Körner, Kommentar zum BtMG, 2. Aufl. 1985, § 29 Rdnr. 436). Was das Problem bereitet, ist, daß die dem Konsum vorausgehenden notwendigen Tätigkeiten, nämlich der Erwerb und der Besitz von Betäubungsmitteln, derzeit unter Strafe stehen.

2. Nach meiner Ansicht sollte hier der Ansatzpunkt sein für eine Diskussion, hier sollte der Ansatzpunkt für eine Reform sein. In dem bisherigen BtMG ist unter der Bestimmung des § 29 Abs. 5 BtMG geregelt, daß der Richter beim Umgang mit kleinen Mengen von Betäubungsmitteln, insbesondere beim Erwerb und Besitz, von Strafe absehen kann. Hier sollte meines Erachtens der Gesetzgeber ansetzen, diese Vorschrift ausbauen und in dieser Bestimmung regeln, daß der Erwerb und Besitz von Betäubungsmitteln bis zu einem bestimmten Eigenvorratsgrenzwert straflos bleibt. Dieser Eigenvorratsgrenzwert müßte für jede Betäubungsmittelart im Gesetz festgeschrieben oder von der Rechtsprechung festgelegt werden. Mit einer solchen Reform wäre schon eine ganze Menge gewonnen. Es würden nach einer solchen Bestimmung zahlreiche Betäubungsmittelkonsumenten nicht mehr durch die Justiz behelligt werden, wenn nicht außer dem Erwerb und dem Besitz geringer Mengen noch weitere Verstöße gegen das BtMG hinzukämen. Die Kriminalpolizei, die Staatsanwaltschaft,

die Gerichte, die Gefängnisse würden von einem erheblichen Anteil bisheriger BtM-Täter befreit. Die Drogenberatungsstellen könnten unter Beweis stellen, daß ohne die repressive Tätigkeit der Strafverfolgungsbehörden ihre Arbeit erfolgreicher wäre. Therapiemaßnahmen könnten besser geplant und ungestörter durchgeführt werden. Für eine derartige Regelung spräche auch, daß das Arzneimittelgesetz den Erwerb und den Besitz von suchterzeugenden oder suchtfördernden Arzneimitteln ebenfalls straflos ist. Es ist nicht einsichtig, warum dies bei Arzneimitteln straflos sein soll und nach dem BtMG mit Strafe bedroht sein soll, zumal die Schwelle von einem Arzneimittel zu einem Betäubungsmittel schnell überschritten ist. Häufig hängt es nicht von der Gefährlichkeit des Stoffes, sondern von politischen Gesichtspunkten ab, ob nun ein einzelner Stoff den Anlagen des BtMG unterstellt wird oder nicht.

3. Der Anwendungsbereich der §§ 35ff. BtMG sollte erweitert werden. Diese Vorschriften erlangen bei den zu Geldstrafen oder kurzfristigen Freiheitsstrafen verurteilten Drogenabhängigen ohnehin kaum Bedeutung.

4. Zu den Methadon-Programmen habe ich keine Bedenken, soweit sie ärztlich begründet sind und sie von einem in Suchtkrankheiten erfahrenen Arzt als ultima ratio benutzt werden. Als Regeltherapie kommen Methadon-Programme nicht in Frage. Bereits langfristig praktizierte Methadon-Programme in den Niederlanden, in der Schweiz, in den USA haben weder die Drogenszene noch den Umfang der Drogenkriminalität, weder die Zahl der Drogentoten, noch die Zahl der geheilten Drogenabhängigen erkennbar verändert. Ich bin der Auffassung, daß die Drogenkrankheiten ein derart kompliziertes Krankheitsbild darstellen, daß es dem Ärztestand sehr gut anstünde, einen Facharzt für Drogenkrankheiten zu schaffen und daß sich hier nur besondere Fachleute mit Drogenabhängigen dann befassen würden. Es sollten Spezialärzte eine besondere Erlaubnis zur Methadon-Therapie von anders nicht heilbaren Sucht- und Aidskranken mit strengen Auflagen des Bundesgesundheitsamtes erhalten. Methadon dürfte meines Erachtens nicht verschrieben und nicht an Drogenabhängige ausgehändigt, sondern nur kontrolliert verabreicht werden.

Ich kann mir allerdings nicht verkneifen zu sagen, daß ich größtes Mißtrauen gegen jegliche Steuerung von Menschen mit Drogen habe, ganz gleich, ob dies ein gedopter Sportler, ein ruhig gestellter Anstaltsinsasse, ein chemisch kastrierter Sexualtäter oder ein mit Methadon entkriminalisierter Drogenabhängiger ist. Methadon eignet sich nicht als Wunderheilmittel und sollte meines Erachtens auch nicht als politischer Schlachtruf mißbraucht werden, sondern als letzter Rettungsanker für diejenigen Sucht- und Aidskranken, bei denen bislang alle Therapiebemühungen gescheitert sind und für weitere Experimente keine Zeit mehr verbleibt.

## IV. Gesetzliche Verbesserungsvorschläge für die Verfolgung von Drogenhändlern

1. Ich spreche mich nicht für eine Erhöhung des Strafrahmens für Dealer aus. Dies bringt wenig, um nicht zu sagen gar nichts. Dies hat man nach der Erhöhung der Strafrahmen vom BtMG 1972 zum neuen BtMG 1982 gesehen. Die Gerichte kommen mit den höheren Strafrahmen eher schlechter zurecht. Die Strafen sind deshalb in Handelsfällen im Vergleich zum alten Strafrahmen eher gefallen. Aber ich spreche mich dafür aus, daß alles daran gesetzt werden muß, die Entdeckungsquote zu erhöhen.
2. Anstelle die Grenzen zu öffnen, sollten wir sie dicht machen. Wir sind in unseren Methoden teilweise widersprüchlich. Ich will dies an mehreren Beispielen deutlich machen. Es wird einerseits auf dem Frankfurter Flughafen das Reisegepäck und Handgepäck streng kontrolliert; andererseits gibt es mehrere Schleichwege, wie man mit dem Reisegepäck vom Flugfeld direkt in das Stadtgebiet Frankfurt gelangen kann, ohne die Zollkontrolle überhaupt zu passieren. Dies macht keinen Sinn.
3. Es macht keinen Sinn, die Flugreisenden zu kontrollieren, die Flugbesatzungsmitglieder, die Reinigungs- und Frachtleute, die VIP's wie Diplomaten, Filmschauspieler pp. nicht zu kontrollieren.
4. Es macht keinen Sinn, auf dem Flughafen repressiv Gepäck und Reisende auf Betäubungsmittel, Arzneimittel, Chemikalien, Sprengstoff und Waffen zu kontrollieren und dann aus Liberalisierungsgründen die Zoll- und Grenzkontrollen zu den EG-Nachbarn ab 1992 auf der Straße wegen des Übereinkommens von Schengen vom 14. 6. 1985 (Übereinkommen zwischen den Regierungen der Staaten der Benelux-Wirtschaftsunion, der Bundesrepublik Deutschland und der französischen Republik betreffend dem schrittweisen Abbau der

Kontrollen an den gemeinsamen Grenzen) abzuschaffen, um anschließend mit erhöhtem Aufwand im Grenzhinterland vermehrte Polizeikontrollen und Observationen durchzuführen. Was auf dem Flughafen richtig ist, dürfte auch auf der Landstraße und der Autobahn richtig sein oder umgekehrt. So lange es keine europäische Strafverfolgung gibt, bedeutet der Abbau von Grenzkontrollen nur eine Beeinträchtigung der Rauschgiftbekämpfung.

5. Ausländische Drogenschmuggler müßten mit der rechtskräftigen Verurteilung wegen Schmuggels von nicht geringen Mengen von Betäubungsmitteln unanfechtbar des Landes verwiesen und nach Strafverbüßung regelmäßig abgeschoben werden. Sie dürften nach ihrer Strafverbüßung keinerlei Chancen mehr haben, im Inland zu verbleiben.

6. Mit einer Neuformulierung der Einziehungs- und Verfallsvorschriften könnten wir die Händler und Hinterleute an ihrer verwundbaren Ferse treffen, nämlich dem finanziellen Risiko. Man hat den Stimmen, die eine Umkehr der Beweislast dahin forderten, daß der festgenommene Rauschgifthändler die legale Herkunft seiner Vermögenswerte beweisen müsse, Verletzung verfassungsmäßiger Rechte vorgeworfen. Doch wie schon bei den Grenzkontrollen ausgeführt, wir können nicht die Bevölkerung vor profitsüchtigen illegalen Händlern schützen wollen und gleichzeitig ihre Einlassungen wie Steuererklärungen biederer Kaufleute als unwiderlegbar behandeln. Auch wenn man eine Umkehr der Beweislast ablehnt, bleibt die Notwendigkeit einer Beweisvermutung. Sichergestellte Vermögenswerte sind für verfallen zu erklären, wenn die Umstände des Falles die Überzeugung des Gerichts begründen, die Werte stammten aus Drogengeschäften.

7. Mit einer Strafandrohung für den illegalen Handel mit Betäubungsmittelgrundstoffen könnten wir die Hersteller, die weltweit deutsche Grundstoffe beziehen, besser treffen. Sicherlich kann man auch hier argumentieren, daß Kontroll- und Strafvorschriften die chemische Industrie wegen eines geringen Teiles der Jahresproduktion finanziell und die Verwaltungsbehörden personell über Gebühr belasten würden. Es ist eine Abwägungsfrage, ob uns die Gesundheit der Bevölkerung nicht diese Erschwernisse wert sind.

8. Ein weiterer Gedanke erscheint mir erwägenswert. Mit dem § 31 BtMG hat der Gesetzgeber eine Vorschrift geschaffen, die es einem

Beschuldigten ermöglichen soll, durch Aufklärung weiterer Drogendelikte und durch Erhellung von Hintergründen und Drogenhändlerorganisationen sich Strafmilderung bis zur Straffreiheit zu verschaffen. Da, wo Drogenhändler sich auf der Grundlage gemeinsamer Gewinnsucht zu einem Drogenhandelsring zusammengeschlossen haben, um der Strafverfolgung zu entgehen und die Konkurrenz der Polizei auszuliefern, ist der festgenommene Dealer häufig bereit, nun die Polizei bei der Aufklärung zu unterstützen und die Organisation preiszugeben, die ihn spätestens bei seiner Festnahme bereits aufgegeben hat. Eine festgenommene Person wird aber regelmäßig nicht bereit sein, Familienangehörige oder Freunde aus dem Drogengeschäft preiszugeben. Anstelle eines Verrats sollte man die Reue und den Rücktrittswillen noch nicht entdeckter Rauschgifthändler, Rauchgifttransporteure und Rauchgiftlagerhalter honorieren, indem man ihnen im Falle der Selbstanzeige erhebliche Strafmilderung oder gar Straffreiheit zubilligt. Da § 24 StGB nur den Rücktritt vom Versuch regelt, die Vollendung des Unternehmensdeliktes: Handeltreiben mit Betäubungsmitteln, aber schon bei jeglichen Verhandlungen eintritt, müßte eine Sondervorschrift im BtMG noch einen Rücktritt von der unentdeckten vollendeten Tat erlauben (vgl. zur Straffreiheit durch Selbstanzeige bei Steuerhinterziehung gemäß § 371 AO BGH U. v. 22. 7. 1987 – 3 StR 224/87 = NSDZ 1987, Seite 514). Dann würden Männer und Frauen, die für Freunde große Rauschgiftmengen aufbewahren oder beim Ehemann große Rauchgiftmengen vorgefunden haben, den Mut finden, die Drogen bei der Polizei abzuliefern.

Kann ein Gesetz überzeugender und wirkungsvoller sein, als wenn es ihm gelingt, den Bürger ohne Bestrafung zum Rücktritt vom Rauschgiftdelikt zu bewegen?

Dr. Harald H. Körner, Staatsanwalt, Staatsanwaltschaft, Postfach 100101, 6000 Frankfurt 1

Langjährige Erfahrungen mit Betäubungsmittelstrafsachen. Veröffentlichungen zu Drogentherapie und Strafe

Kurt-Jürgen Lange

# Differenzierung der Strafvorschriften nach dem Gefährdungspotential verschiedener Drogentypen. Der Krankheitscharakter der Abhängigkeit muß im Strafverfahren stärker berücksichtigt werden

Ein wesentlicher Anstoß für die Novellierung des gegenwärtigen Betäubungsmittelrechts, insbesondere der strafrechtlichen Vorschriften, war der Anstieg des Rauschgiftmißbrauchs und der Rauschgiftkriminalität gegen Ende der 70er Jahre (vgl. Bundestagsdrucksache 10/843 vom 29. 12. 1983).
Wenn es in der Absicht des Gesetzgebers lag, durch die Erhöhung des Strafrahmens bei einigen Grundtatbeständen und durch Ausdehnung der Strafbarkeit auf neue Tatbestände (Anbau von Betäubungsmitteln) vom illegalen Verkehr mit den unterstellten Substanzen abzuschrecken und denselben einzudämmen, so muß nach sieben Jahren seit Inkrafttreten festgestellt werden, daß dieses Ziel dauerhaft nicht erreicht werden konnte. Es ist durch die strafrechtlichen Bestimmungen auch nicht gelungen, bedeutsam mehr junge Menschen vom Konsum der inkriminierten Drogen fernzuhalten als in früheren Zeiten. Die seit 1987 wieder stark angestiegene Häufigkeit von Delikten des Handels und der illegalen Einfuhr, wie auch der Anstieg der konsumbezogenen Delikte und der neu in Erscheinung getretenen Konsumenten „harter“ Drogen (vor allem von Heroin) legen diese Schlußfolgerung nahe.
Andererseits läßt sich nicht widerlegen, daß die Verbreitung des Verbrauchs psychotroper Substanzen wie Cannabis, Kokain und Opiaten zu privaten Genußzwecken ohne Strafbewehrung erheblich stärker wäre.
Soweit man zurückdenken kann, haben Menschen das Bedürfnis, gelegentlich aus dem „Normalbefinden“ herauszutreten und rauschhafte Erlebnisformen zu suchen. Gewöhnlich werden chemische Vehikel benutzt, die dieses bewirken können. Je weniger traditionsgeleitet eine Kultur ist, je pluralistischer die Möglichkeiten zur Realisierung diverser Lebensauffassungen und Lebensstile, desto häufiger

werden nicht nur die in einer Kultur überlieferten Rauschmittel benutzt, sondern auch andere, ursprünglich kulturfremde Drogen und jene Zubereitungen, die eigentlich nur in der Hand des Arztes als Arzneimittel eingesetzt werden sollen. Es ist nicht verwunderlich, daß es auch im Bereich der bewußtseins- und erlebnisverändernden Stoffe zu modischen Bewegungen mit massenhaften Verstößen gegen die diesbezüglichen gesetzlichen Regelungen kommt. Beispiele sind die Haschischwelle Ende der 60er Jahre im Rahmen einer Jugendrebellion und die gegenwärtige Kokainwelle in den Vereinigten Staaten.

Unbestreitbar ist, daß der Verkehr mit psychotropen Stoffen einer Regulierung bedarf, da der uneingeschränkte Gebrauch dieser Stoffe aufgrund ihrer Eigenschaften mit gesundheitlichen und sozialen Risiken verbunden ist. (Auf die Problematik der bei uns traditionell für den privaten Gebrauch akzeptierten Tabakerzeugnisse und Alkoholika soll hier nicht weiter eingegangen werden.)

Ein Verzicht auf die gesetzliche Regulierung, die einer risiko-minimierenden Anwendung als Arzneimittel dient, würde hinsichtlich epidemiologischer Größenordnung und der individuellen Schweregrade zu ähnlichen Lasten führen wie der Alkoholika- und Tabakkonsum, teilweise sogar zu erheblich größeren Belastungen. Von daher wirken pauschale Forderungen nach der Legalisierung, sprich Freigabe von Drogen, als nicht zu Ende gedacht.

Die Kernfrage von Strafvorschriften in der Betäubungsmittelgesetzgebung ist, ob die Risiken des nicht-medizinischen Gebrauchs psychotroper Stoffe die gegenwärtige Schwere der Pönalisierung rechtfertigen. Im Gesetz wird zwischen den durchaus unterschiedlichen Risikograden und toxischen Wirkungsspektren der einzelnen Stoffgruppen nicht differenziert; alle Substanzen werden unter der Verwendung des Begriffs Betäubungsmittel prinzipiell gleichartig behandelt.

Das bei jeder Stoffgruppe nachweisbare Risikopotential bei nichtmedizinischem Gebrauch legitimiert aus gesundheitspolitischer Sicht durchaus Maßnahmen, die sich gegen die Erhältlichkeit außerhalb der bestimmungsgemäßen Verwendung richten, also gegen unlizensierte Einfuhr und Handel.

Aus den Risikofaktoren läßt sich jedoch die gegenwärtige Strafzumessung für den Erwerb und Besitz dieser Stoffe zum Eigenverbrauch nicht unmittelbar ableiten. Schließlich schadet sich der nicht-medizinische Verbraucher von Drogen potentiell nur selbst und keinen anderen. Im schlimmsten Fall verleitet er jemanden zur Selbstschädigung. Jemand wird bestraft, weil er etwas nicht bestimmungsgemäß zu anderen Zwecken konsumiert und sich damit der Gefahr einer Selbstschädigung aussetzt. Sein Verhalten wird als Mißbrauch bezeichnet. Letztlich wird sozusagen der Mißbrauch der Selbstbestimmung unter Strafe gestellt (Lüderssen 1982).

Den Autoren der Novellierung des Betäubungsmittelrechts von 1982 war dieses Problem bewußt, in § 29 Absatz 5 wurde ein Passus eingefügt, wonach die Gerichte von einer Bestrafung absehen können, wenn die beteiligten Drogen in geringer Menge für den Eigenverbrauch vorgesehen sind.

Die Bundesgesundheitsministerin Rita Süssmuth stellte im November 1988 jedoch selbst fest, daß von der Möglichkeit dieses Paragraphen ihrer Meinung nach zu wenig Gebrauch gemacht werde und insgesamt die Praxis der Rechtsanwendung uneinheitlich sei.

Anzustreben ist eine Reform des Rechts über den Verkehr mit psychotropen Substanzen, bei der jede Drogenkategorie dahingehend überprüft wird, inwieweit die akute Gefährlichkeit und die zu erwartenden Folgen für Individuum und Gemeinwesen bei fortgesetztem nicht-medizinischen Gebrauch eine Freiheitsstrafe für den Besitz zum Eigenverbrauch unter dem Gesichtspunkt der Generalprävention rechtfertigen würde.

Orientieren sollte man sich am Schema der diesbezüglichen britischen und französischen Strafvorschriften, die zwischen unterschiedlichen Gefährdungsgraden der einzelnen Drogentypen unterscheiden und entsprechend verschiedene Strafandrohungen vorsehen.

Eine wesentliche Entlastung der erfaßten und angeklagten Drogenkonsumenten wäre schon erreicht, wenn die „Kann-Bestimmung" des § 29 (5) in eine „Soll-Bestimmung" umgewandelt würde. Auf diese Weise würde größere Rechtssicherheit hergestellt. In bezug auf Cannabis-Produkte sollte die Entpönalisierung möglichst bald eingeführt werden. Für Cannabis-Produkte existiert bereits ein Konsens über den Wert, der die geringe Menge zum Eigenverbrauch definieren könnte. In der gerichtlichen Praxis werden Mengen mit einem Wirkstoffgehalt ab 6 bis 7 g THC als nicht geringe Menge bezeichnet.

Ein anderer Aspekt ist die rechtliche Beurteilung des definitiv Drogenabhängigen. Zwar sind die Bestimmungen des 7. Abschnitts im Betäubungsmittelgesetz, die einen Anspruch auf Zurückstellung der Strafvollstreckung bei Strafen bis zu 2 Jahren festschreiben, insgesamt ein Fortschritt, dennoch bleibt ein nicht nur semantisches Problem. Rauschmittelabhängigkeit wird vom Bundessozialgericht schon seit 20 Jahren als Krankheit im Sinne der Reichsversicherungsordnung anerkannt. Auf der Ebene der Betäubungsmittelrechtsprechung gilt der Drogenabhängige jedoch weiterhin primär als Straftäter und wird als solcher abgeurteilt. Ihm wird zwar mit den Instrumenten der Strafaussetzung zur Bewährung und der Regelungen im 7. Abschnitt (§ 35ff.) die Chance gewährt, sich mit Hilfe anderer zu verändern, doch kommt es zum Widerruf, wenn sich zeigt, daß die Hilfemaßnahmen (Psycho- und Sozialtherapie) nicht die gewünschte Wirkung – dauerhafte Aufgabe des illegalen Drogenkonsums – haben. Im günstigsten Fall wird nochmals die Weisung ausgesprochen, eine Entwöhnungsbehandlung aufzunehmen. In der Regel erfolgt im Wiederholungsfalle allerdings die Verbüßung der jeweiligen Strafreste. Der rückfällige Drogenabhängige wird durch diese Verfahrensweise behandelt wie ein uneinsichtiger Krimineller. Es wird nicht berücksichtigt, daß der Rückfall das Hauptmerkmal der Chronizität von Rauschmittelabhängigkeiten ist. Bestraft wird letztendlich der individuelle Schweregrad der Abhängigkeit. Nach der wirkungslosen Therapie erfolgt in allzu vielen Fällen doch die Strafe. (Anzumerken ist, daß in der Bundesrepublik Deutschland noch nicht alle therapeutischen Möglichkeiten ausgeschöpft sind. International akzeptierte pharmakologische Ansätze wie methadone-maintenance und Opiatantagonisten-Behandlung, die auf die psychophysiologischen Komponenten der Abhängigkeit abzielen, sind entweder Gegenstand eines heftigen Streits oder wurden übersehen.)
Vereinzelt kommt es sogar vor, daß die Strafverbüßung *nach* einem erfolgreich absolvierten fast zweijährigen Aufenthalt in einer therapeutischen Gemeinschaft aus rechtstechnischen Gründen gefordert wird. Erst kürzlich wurde von einem Oberlandesgericht die Beschwerde eines ehemaligen Drogenabhängigen, der während seiner Entwöhnungsbehandlung wegen schwerwiegender Beschaffungsdelikte aus der Zeit vor Beginn der Behandlung zu einer dreijährigen Haftstrafe verurteilt worden war, mit dem Hinweis abgelehnt, der Grundsatz

„Therapie vor Strafvollstreckung“ gelte nur für betäubungsmittelabhängige Straftäger, deren Gesamtstrafe nicht mehr als zwei Jahre beträgt. Das Gericht sah sich außerstande, die Reststrafe zur Bewährung (wie eigentlich in § 36 BtMG vorgesehen) auszusetzen. Glücklicherweise konnte die Ladung zum Strafantritt durch die Einschaltung der zuständigen Gnadenabteilung verhindert werden.
Einen Ausweg aus dem Dilemma der Widerrufe von Aussetzung und Zurückstellung nach erfolglosen Entwöhnungsbemühungen bieten Regelungen analog denen, die in der französischen Drogengesetzgebung verankert sind. Demnach wird ein abhängiger Drogenkonsument, nachdem er bei einem Verstoß gegen das Gesetz entdeckt wurde, zunächst einmal angehalten, sich in irgendeine Form von Behandlung zu begeben. Folgt er dieser Aufforderung, findet eine Anklageerhebung nicht statt. Hat ein Drogenkonsument von sich aus um Behandlung nachgesucht, und wird sein Verstoß erst später bekannt, so wird von der Klage abgesehen. Wurde bereits Klage erhoben, der Beklagte befindet sich jedoch in Behandlung, so findet eine weitere Verfolgung nicht statt. Theoretisch besteht auf allen Ebenen des Verfahrens die Möglichkeit, einen Strafspruch zu umgehen. Dies gilt für den Untersuchungsrichter als auch für das Gericht selbst, das eine Behandlung *anstatt* einer Strafe „verhängt“.
Diese Möglichkeiten haben auch in Frankreich nicht verhindern können, daß chronisch rückfällige Drogenabhängige in Gefängnissen einsitzen, doch sind diese dort zumeist nicht wegen der Verstöße gegen die Drogengesetze, sondern wegen anderer Delikte.
Ein wesentlicher Fortschritt wäre es, wenn über den chronisch rückfälligen Drogenabhängigen nicht mehr in einem Strafverfahren befunden würde, sondern das Gericht die Entscheidung, wie mit dem Drogenabhängigen weiter zu verfahren sei, an eine Kommission aus erfahrenen Fachleuten delegieren würde.

Literatur

Council of Europe, Pompidou Group: „Multi-City Study of Drug Misuse“ Strasbourg, 1987

Dünkel, F.: Strafrechtliche Drogengesetzgebung im internationalen Vergleich, in: Völger, Welck (Hrsg.): Rausch und Realität – Drogen im Kulturvergleich, Band III, Rowohlt, 1982

Huber, B.: Drogengebrauch und Strafverfolgung in Großbritannien in: Völger, Welck (Hrsg.): Rausch und Realität – Drogen im Kulturvergleich, Band III, Rowohlt, 1982

Lange, K.-J.: Cannabis – Die umstrittene Droge, Hamburger Ärzteblatt 6, 1981

Lange, K.-J.: Die Vision von der Entstaatlichung, Drogen-Report 5, 1983

Lüderssen, K.: Abhängigkeit von Drogen – Verspricht das Gesetz zur Neuordnung des Betäubungsmittelrechts Abhilfe? In: Völger, Welck (Hrsg.): Rausch und Realität – Drogen im Kulturvergleich, Band III, Rowohlt, 1982

Kurt-Jürgen Lange, Diplom-Psychologe, Hüxtertorallee 23 a, 2400 Lübeck 1
1969 bis 1970 Forschungsstelle für Psychopathologie und Psychotherapie in der Max-Planck-Gesellschaft, München, 1971 bis 1972 Drogenberatungsstelle des Stadtjugendamtes München, 1972 bis 1975 Koordinierungs- und Informationszentrale für Rauschmittelfragen in Hamburg, 1976 bis 1978 Drogenentzugsstation im Krankenhaus Ochsenzoll, Hamburg, seit 1978 wissenschaftlicher Mitarbeiter im Referat Suchtfragen der Gesundheitsbehörde Hamburg. Empirisches Arbeiten über Langzeitverläufe bei Opiatabhängigen, Veröffentlichungen über süchtiges Verhalten.

Berndt-Georg Thamm

# Drogenpolitik darf kein Tabuthema sein: Drogenliberalisierung heute und Drogenlegalisierung morgen

Zunächst meine Gründe, warum ich eine „Drogenliberalisierung heute“ und eine „Drogenlegalisierung morgen“ fordere.

1. Drogenhistorische Gründe
Mit Beginn des 17. Jahrhunderts läßt sich über einen Zeitraum von knapp 400 Jahren ein immer wiederkehrender Ablauf erkennen:
– Eine kulturfremde Droge wird eingeführt, oft über Handelsreisende und Seeleute.
– Die kulturfremde Droge verbreitet sich, oft durch Soldaten, die im Krieg neue Drogen oder/und Konsumgewohnheiten kennenlernen und diese nach dem Krieg ins Zivilleben einführen.
– Die Droge oder/und deren Herstellung wird von der Staatsgewalt verboten.
– Trotz der Teil- oder Totalprohibition verbreitet sich die Droge weiter, oft von der Oberschicht über die Mittelschicht zur Unterschicht.
– Die Staatsgewalt reagiert mit der Androhung drastischer, oft abschreckender Strafen und deren Vollzug. Die Einhaltung der Verbote/Gebote wird von Exekutivbeamten, oft eine spezielle Drogenpolizei, kontrolliert.
– Trotz Prohibition, drakonischer Strafen und polizeilicher Bekämpfungsarbeit nimmt die Verbreitung zu, ist über die staatlichen Sanktionen weder zu kontrollieren noch zu regulieren.
– Die Prohibition wird, oft aus wirtschaftspolitischen Gründen, aufgehoben.
– Das Prohibitions-Modell wird durch ein staatliches Steuer-Modell ersetzt, mit Staatsmonopol oder staatliche Monopol-Delegation.
Diesen Weg ging die Droge Tabak im 17. Jahrhundert; die Droge Kaffee im 18. Jahrhundert; die Droge Opium im 19. Jahrhundert und letztlich die Droge Cannabis im 20. Jahrhundert. Die Aufgabe

der Cannabis-Prohibition ist eine Frage der kommenden Jahre. Kulturfremd ist diese Droge für eine nachgewachsene Konsumentengeneration nicht mehr.

2. Repressive Bekämpfung und Drogenverbreitung

Mit der internationalen Ächtung der Drogen 1909 bis 1925 und den daraus resultierenden nationalen Drogengesetzen wurde das Problem der verbotenen Drogen strafrechtlich-repressiv bekämpft. Parallel dazu stieg die Anzahl der Drogenprobierer, der Konsumenten und der Mißbraucher. Diese Schere klafft heute wie nie zuvor auseinander. Allein in Nordamerika und Westeuropa sind heute ungezählte Millionen meist junger Menschen potentielle Straftäter (regelmäßige Gesetzesbrecher) und Hunderttausende, die zunehmend verelenden, als Kriminelle stigmatisiert.

Tab.: Verbrauchermärkte Nordamerika und Westeuropa im Vergleich

| Droge | USA | Europäische Gemeinschaft* |
|---|---|---|
| Cannabis | 20 Mio.<br>(Marihuana) | 10 – über 15 Mio.<br>(Haschisch) |
| Heroin | 0,4 Mio. – 0.6 Mio. | 1 – 1,5 Mio. |
| Kokain | 5 – 6 Mio. | ? |

* Der EG-Binnenmarkt 1992 umfaßt über 320 Mio. Verbraucher

Das durch die Illegalität erzeugte „Drogenmilieu der Halb- und Unterwelt" ist in seiner Sozialschädlichkeit gefährlicher einzuschätzen als die Schäden durch die Eigenwirkungen der Drogen. Bei fortgesetzter oder gar intensivierter repressiver Drogenbekämpfung ist zu befürchten, daß regelrecht Teile der Jugend gesellschaftlich ausgegrenzt und damit ins sozialschädliche Milieu abgedrängt werden.

3. Wirtschaftliche Gründe

Der weltweite Jahresgewinn aus Drogengeschäften des organisierten Verbrechens wird heute auf 300 – 500 Mrd. US $ geschätzt (zum Vergleich: die Gesamtverschuldung der Dritten Welt liegt heute bei 1200 Mrd. $). Für die Bundesrepublik Deutschland werden die Jahresnettoeinkünfte bis über 1,5 Mrd. DM geschätzt. Es muß davon ausgegangen werden, daß in den letzten Jahren allein in Westeuropa schon Hunderte von Milliarden DM illegal erzielter Gewinne in die Wirtschaft (nach illegaler Geldwäsche) investiert wurden. Das Finanzvolumen ist so gewaltig, daß eine Beteiligung des organisierten Verbrechens in Schlüsselindustrien (Kommunikationstechnologien, Hochtechnologien, Rüstung) nicht auszuschließen ist. Bereits investierte Mittel können nicht mehr als „illegaler Vermögenswert abgeschöpft" werden. Einzig und allein *die Illegalität* sichert die Profitmaximierung im Drogengeschäft. Die Beibehaltung der Illegalität ist der Garant weiterer kriminell erwirtschafteter Gelder. Den „Finanzstrom als Nerv des organisierten Verbrechens" zu treffen würde in der Konsequenz die Aufgabe der Illegalität, die Freigabe der Drogen bedeuten.

Ich sehe darin, im Unterschied zum Präsidenten des Bundeskriminalamtes, keine Kapitulation vor dem organisierten Verbrechen. Diese Kapitulation besteht für mich vielmehr in der Aussage, daß „man an die Großen eh nicht herankommen würde".

Die Illegalität der Ware Droge führte und führt zu einem sehr hohen Preisniveau, das der Endverbraucher zahlt. Dementsprechend hat sich die Beschaffungsdelinquenz der Drogenabhängigen zu einem volkswirtschaftlich relevanten Kostenfaktor entwickelt, der allein in der Bundesrepublik mit Milliarden zu Buche schlägt. Jede Liberalisierungsbemühung, erst recht Legalisierungsbemühung trägt hier zu Kostendämpfung und Kriminalitätssenkung bei.

Aus den aufgezeigten Gründen der Drogengeschichte, der Drogenverbreitung und der wirtschaftlichen Macht des organisierten Verbrechens leite ich die politische Forderung der Liberalisierung der Drogenpolitik ab. Die realpolitische Umsetzung dieser Forderung sehe ich für den Zeitraum der nächsten drei Legislaturperioden (1988/89 – 2000) wie folgt:

1. Auf dem Hintergrund des EG-Binnenmarktes 1992 und des Wegfalls der heute bestehenden Binnengrenzen (deren Aufrechterhaltung heute nach Berechnungen der Brüsseler Europa-Kommission jährlich rund 24 Mrd.DM kostet), müssen die EG-Mitgliedstaaten zu einer gemeinsamen europäischen Drogenpolitik finden. Diese muß unabhängig von US-amerikanischen Vorgaben sein.
2. Die gemeinsame drogenpolitische Grundstrategie muß eine antiprohibitive (liberal approach) sein.

3. Daraus folgt eine Reduktion des Vorgehens gegen die Nachfrageseite (= Endverbraucher).
4. Die „Single Convention on Narcitic Drugs" (1961) läßt jedem Staat, jedem Mitglied der EG und damit auch der Bundesrepublik Deutschland die Möglichkeit offen, die nationale Drogenpolitik zu liberalisieren.: „Jede Vertragspartei verbietet die Gewinnung, Herstellung, Ausfuhr, Einfuhr, den Besitz und die Verwendung dieser Suchtstoffe sowie den Handel damit, wenn sie dies im Hinblick auf die in ihrem Staat herrschenden Verhältnisse für das geeignetste Mittel hält, die Volksgesundheit und das Wohl zu schützen."
5. Was die geschätzten zehn bis über 15 Mio. Cannabisverbraucher in der EG (Bundesrepublik Deutschland: bis über 2 Mio. geschätzte Verbraucher) betrifft, müssen diese *entkriminalisiert* (beziehungsweise *entpönalisiert*) werden; das heißt Straffreiheit für Cannabiskonsum. International muß Cannabis von der Liste der zu kontrollierenden Stoffe der „Single Convention on Narcotic Drugs" gestrichen werden. Dieses erlaubt dann den Ländern, Cannabis aus ihren Betäubungsmittelgesetzen herauszulagern. Die Cannabisliberalisierung kann dann in eine Cannabislegalisierung überführt werden.
6. Für die EG-Mitgliedstaaten werden zwischen 1 und 1,5 Mio. Mißbraucher von Opiaten (Heroin) geschätzt (Bundesrepublik Deutschland: 50000 bis 100000). Diese verelenden zunehmend, ob in Lissabon, Palermo, London oder Frankfurt. Zusätzlich ist diese Gruppe von der HIV-Infektion bedroht und wie keine andere Randgruppe der Gesellschaft stigmatisiert: rauschgiftsüchtig – kriminell – sozial verwahrlost – Aidsdurchseucht – eine Gefahr für den Bürger.
7. Die Aufrechterhaltung beziehungsweise Intensivierung der strafrechtlich-repressiven Bekämpfung dieser Gruppe hält dieses kaum zu durchbrechende Stigma aufrecht beziehungsweise intensiviert dieses. Mit diesen Fixern führen die Strafverfolgungsbehörden einen „Stellvertreter-Krieg". Der eigentliche Adressat polizeilicher Bekämpfung wäre das organisierte Verbrechen. Eine Entkriminalisierung dieser Endverbraucher würde die soziale Verelendung zumindest aufhalten.
8. Alle bekannten Wege, die aus der Sucht führen können, müssen – obwohl quantitativ unterschiedlich – qualitativ gleichberechtigt Abhängigen angeboten werden, das heißt drogenpolitische Akzeptanz der Wege „Therapie", „Selbsthilfe", „Selbstheilung" und „Substitution". Der Staat muß klare gesetzliche Regelungen schaffen, die die

Begehbarkeit aller Wege ermöglicht. Einen noch heute in der Bundesrepublik Deutschland praktizierten „Glaubenskrieg um das Substitut Methodon (Polamidon)“ halte ich aus sozial-ethischen Gründen für unverantwortlich.

9. Eine kontrollierte Abgabe vom Suchtmittel (Heroin) an Abhängige, wie im Experiment in den Niederlanden praktiziert und wie es in Australien erwogen wird, halte ich für vertretbar.

10. Aus wirtschaftspolitischen Gründen halte ich darüber hinaus eine Legalisierung sogenannter harter Drogen ab Beginn des 21. Jahrhunderts für möglich. Es würde sich hier ein Staatsmonopol anbieten (mit dementsprechender Drogenbesteuerung). Bei diesem künftigen Modell sollten:

– 10 Prozent der Drogensteuer ausschließlich für Konsumerziehung, Prävention, Beratung und Behandlung, Nachsorge und Forschung verwendet werden. Nach vorsichtigen Schätzungen würden diese 10 Prozent jährlich mehrere hundert Millionen DM ausmachen.

– Die Drogen kontrolliert, das heißt über staatlichen Lizenzverkauf (beispielsweise über Apotheken) vertrieben werden. Die Drogen sollten, chemisch rein und ohne gefährliche Streckmittel, in nicht-spritzbarer Form (Aids Prophylaxe) abgegeben werden. Anmerkung: die Firma Bayer brachte beispielsweise das „Anti-Husten-Mittel“ Heroin ab 1898 in Tablettenform auf den Markt.

Beim Modell der Drogenlegalisierung ist zu berücksichtigen, daß es in einer Zeit praktiziert würde, die durch eine gewaltig gewachsene Weltbevölkerung gekennzeichnet wäre:

Gegenwärtige und prognostizierte Wachstumsraten der Weltbevölkerung

| | |
|---|---|
| 1975: | 4 Mrd. Menschen |
| 2000: | 6.5 Mrd. Menschen |
| 2025: | 8.2 Mrd. Menschen |
| 2030: | 10 Mrd. Menschen |
| 2100: | 30 Mrd. Menschen |

Global 2000, Techn. Bericht, Zweitausendeins, Frankfurt/M. 1981[14]

Da insbesondere seit den 80er Jahren die Drogenproblematik in den Ländern der Dritten Welt (Lateinamerika und Asien) zugenommen hat, ist eine noch größere Drogenverbreitung in den kommenden Jahrzehnten wahrscheinlich.

Strafrechtlich-repressiv läßt sich das Suchtproblem schon heute nicht kontrollieren. Eine Lösung des Suchtproblems, die in der Konsequenz auf eine drogenfreie Gesellschaft abstellen würde, scheint es nicht zu geben.

11. Auf diese Entwicklung bezogen muß *heute* damit angefangen werden, *andere Wege des Umgangs mit dem Drogenproblem* zu diskutieren. *Der Weg der Repression,* der im 20. Jahrhundert vornehmlich begangen wurde, hat sich als *nicht effektiv* herausgestellt. Er sollte nun durch ein Modell der Liberalisierung ausgetauscht werden.

12. Konsens besteht heute in der Auffassung, daß die Sucht ein gesamtgesellschaftliches Problem ist. Ich halte es dementsprechend für notwendig, die Diskussion um andere Wege in der gesamten Gesellschaft zu führen, das heißt die Diskussion muß öffentlich geführt werden. Es darf keine „verschlossene Türen" geben, die nur durch die Fachöffentlichkeit geöffnet werden. Dementsprechend kommt den Massenmedien (Print- und AV-Medien) ein hoher Stellenwert zu. Aus diesem Grunde habe ich auch meine Thesen um die Drogenfreigabe medienöffentlich gemacht:

– Stern Nr. 45 vom 3. November 1988:
Titelgeschichte „Leben wie ein Stück Dreck" mit Pro (Thamm) und Contra (Boge) Thesen zur Drogenfreigabe.

– Fernsehdokumentation im WDR III, Redaktion Signale, am 28. November 1988, 21.45 – 22.30 Uhr: „Heroin aus der Apotheke? – Die Kontroverse um die Drogenfreigabe" (Film: H.-G. Roth, Buch: B. G. Thamm, Redaktion: A. Rach)

und schreibe für den Verlag Deutsche Polizeiliteratur (Hilden) das Buch: „Drogenfreigabe – Kapitulation oder Ausweg?", das voraussichtlich im Mai 1989 erscheint.

13. Die Drogenpolitik ist kein Tabuthema. Zu Vorschlägen für eine Veränderung der heute praktizierten Drogenpolitik sind letztlich alle aufgerufen, die nach Antworten auf die nicht lösbare Drogenfrage suchen. Direkte und indirekte Bevormundungen durch Drogenpolitiker, die ihre Funktion als Zuwendungsgeber (= Geldgeber für die Basisarbeiter) instrumentalisiert haben, sind einer öffentlich geführten Sachdiskussion abträglich und sind nach meiner Anssicht auch nicht mit dem Demokratieverständnis vereinbar.

In der Frage um die Drogenliberalisierung und Legalisierung darf es keine „Maulkorberlasse der Administration" geben.

Berndt-Georg Thamm, Diplom-Sozialpädagoge, Kalckreuthstraße 17, 1000 Berlin 30
Seit fast 20 Jahren in der Drogenarbeit in der Bundesrepublik Deutschland und dem westeuropäischen Ausland tätig. Mitbegründer der Deutschen Gesellschaft für Suchtforschung und Suchttherapie. Seit über 10 Jahren in der Fort- und Weiterbildung für Zoll und Polizei tätig. Beratung von Fernsehen, Rundfunk und Presse. Verschiedene Veröffentlichungen zum Drogenproblem. Derzeit freiberuflicher Journalist und Publizist.

Klaus Wanke, Dieter Caspari

# Prävention verstärken, Therapie erleichtern und Forschung verbessern

Die Zahl der Drogentoten hat 1988 einen Stand wie seit Ende der siebziger Jahre nicht mehr erreicht. Die Zahl erstauffälliger Drogenkonsumenten scheint ebenfalls deutlich zugenommen zu haben. Selbst wenn ein Vergleich über die Jahre diese Zahlen relativiert – der Rückgang in den vergangenen Jahren war wohl nicht so stark wie vermutet –, und Erfahrungen aus anderen Ländern zeigen, daß Trends sich nicht fortsetzen müssen, so sind diese Tatsachen doch sehr ernüchternd und niederdrückend. Daher ist auch ein Überdenken der bisherigen Drogenpolitik zu erwägen.
Allerdings sollten aus den vorliegenden Zahlen keine übereilten Schlüsse gezogen werden. Die genannten Daten sind vielmehr zunächst einer sorgfältigen Analyse zu unterziehen. Sie unterliegen vielen möglichen Einflußfaktoren, u.a. auch wesentlich dem Angebot und der Verfügbarkeit illegaler Drogen. Aufgrund sinkender Preise und einer gestiegenen Zufuhr scheint aber die Verfügbarkeit von Drogen im letzten Jahr deutlich gestiegen zu sein. Auch Einflüsse aus anderen gesellschaftlichen Feldern müssen berücksichtigt werden, hier vor allem die pessimistische Zukunftsperspektive vieler Jugendlichen auf dem Hintergrund einer bleibend hohen Arbeitslosigkeit.
Auf keinen Fall darf bei allen genannten Überlegungen der Bereich der Drogenprävention unberücksichtigt bleiben. Gerade im Bereich der Vorbeugung scheinen sich durch die Maßnahmen der letzten Jahre deutlich positive Effekte nachweisen zu lassen. So findet sich bei neueren Umfragen eine zunehmend kritische und ablehnende Haltung gegenüber Drogen, nicht nur gegenüber Heroin, sondern auch gegenüber Haschisch und anderen Einstiegsdrogen. Prävention gliedert sich jedoch in kommunikative und strukturelle Maßnahmen. Die Einschränkung der Verfügbarkeit des Suchtmittels ist dabei ein wesentlicher Faktor. Erfahrungen aus dem Bereich der Alkoholabhängigkeit belegen eindeutig die Wirksamkeit hierauf abzielender

Maßnahmen. Es steht zu befürchten, daß durch eine Liberalisierung der Drogenpolitik den erreichten Fortschritten im präventiven Bereich geschadet wird und damit langfristig sogar eine Verschärfung der Situation herbeigeführt werden könnte.
Ein Vergleich mit anderen Ländern zeigt, daß die Situation in der Bundesrepublik Deutschland keineswegs schlechter ist als in benachbarten Ländern mit einer vermeintlich liberaleren Drogenpolitik. Die Aussage, daß der Grundsatz „Therapie vor Strafe" wenig effektiv sei, ist nicht belegt. Die Zahl der Drogenabhängigen, die unter diesem Aspekt eine Entwöhnungstherapie antreten, hat in den letzten Jahren stets zugenommen. Neuere Untersuchungen zeigen, daß diese Patienten eher in der Lage sind, die Therapie zu beenden, das heißt weniger Behandlungsabbrüche zeigen. Es ist aber inzwischen allgemein anerkannt, daß der Abschluß der Therapie in der Regel die Voraussetzung für ein weiteres abstinentes Leben darstellt.
Was den Anstieg der Rauschgiftdelikte betrifft, so sind bekanntlich zwei Drittel der Straftaten allgemeine Verstöße gegen das BtM-Gesetz, wovon wieder über 70 % auf Cannabis entfallen. Somit wäre sicher durch eine Entkriminalisierung des Cannabis-Konsums oder -Handels ein Rückgang der Rauschgiftdelikte zu erreichen, allerdings würde es sich um eine Verschleierung des tatsächlichen Problems, letztlich nur um einen Verschönerungseffekt handeln. Die möglichen negativen Auswirkungen auf den präventiven Bereich seien noch einmal herausgestellt. Es sei an dieser Stelle auch noch einmal erwähnt, daß erwiesenermaßen bei regelmäßigem Haschischkonsum die Bereitschaft steigt, auch andere Drogen einzunehmen.
Sicherlich hat auch die Aids-Problematik zu einer erneuten Diskussion über Drogenpolitik beigetragen. Dies zeigt sich sehr deutlich an der Methadon-Diskussion. Es ist richtig und bedauerlich, daß von den bisherigen Therapiemaßnahmen nur ein Teil der Drogenabhängigen erreicht wird. Daran ändern allerdings auch Methadon-Programme nichts. Wie gezeigt wurde, sind sie maximal für 4 % der Abhängigen konzipiert, wobei es sich um eine Gruppe von Süchtigen handelt, die überwiegend auch durch andere Maßnahmen zu erreichen ist. Wir befürchten, daß durch eine Ausweitung von Methadon-Programmen gerade aufwendigere, zeit- und personenintensive und damit wohl kostspieligere, auf Abstinenz abzielende Behandlungsmöglichkeiten zurückgestellt werden.

Zusammenfassend gibt das Fortbestehen des Drogenproblems ständig dazu Anlaß, über Präventionsmaßnahmen und über eine Verbesserung der Therapie nachzudenken. Unsere Vorschläge für die weitere Drogenpolitik beinhalten drei Punkte: 1. Die Situation der Forschung im Sucht- und speziell im Drogenbereich ist zu verbessern. Die Sammlung und Dokumentation von Basisinformationen wie auch die Grundlagen- und Therapieforschung müssen derzeit leider als unzureichend angesehen werden. 2. Die präventiven Maßnahmen, die inzwischen erste Erfolge zeigen, müssen intensiv weitergeführt und ausgeweitet werden. Das gesellschaftspolitische Klima mit einem gewachsenen Bewußtsein für Gesundheit und Umwelt bei einem Großteil der Bevölkerung erscheint hierfür derzeit sehr günstig. 3. Im Bereich der Therapie ist insbesondere ein Ausbau der ambulanten und teilstationären Behandlungsmöglichkeiten zu fordern. Gleichzeitig sollte der Zugang zu den Therapiemöglichkeiten erleichtert und die Therapieforschung intensiviert werden mit dem Ziel, innovativen Therapieformen, die besser auf den einzelnen abgestimmt sind, mehr Raum zu geben.
Wir wenden uns gegen eine Straffreiheit für sogenannte weiche Drogen, fordern aber eine verstärkte Anwendung von Therapieauflagen und eine weitestmögliche Auslegung des Grundsatzes „Therapie vor Strafe“.

Professor Dr. med. Klaus Wanke, Universitäts-Nervenklinik, 6650 Homburg/Saar
Psychiater, Psychotherapeut und Neurologe. 1961 bis 1967 Assistent bei Prof. Bürger-Prinz. 1967 bis 1971 Oberarzt bei Prof. Bochnik. 1971 Habilitation für Psychiatrie und Neurologie. 1972 Professor an der Universität Frankfurt a. M. und Leiter der Abteilung für Klinische Psychiatrie II. 1977 geschäftsführender Direktor des Zentrums der Psychiatrie im Klinikum der Johann Wolfgang Goethe-Universität. Seit 1978 Ordinarius für Psychiatrie an der Universität des Saarlandes und Direktor der Universitäts-Nervenklinik in Homburg/Saar. Seit 1986 Präsident der Deutschen Gesellschaft für Suchtforschung und Suchttherapie. Zahlreiche Publikationen, insbesondere über Suchtprobleme, Neuropsychiatrie, Methodenfragen, forensische Psychiatrie.

Dr. med. Dieter Caspari, Dipl.-Psych., Universitäts-Nervenklinik 6650 Homburg/Saar
Arzt für Neurologie und Psychiatrie. Seit 1986 an der Universitäts-Nervenklinik in Homburg/Saar. Arbeitsgebiete: Suchterkrankungen, psychiatrische Akuttherapie, männliche Sexualstörungen.

Karl-Rudolf Winkler

# Gesetze sind kein Ersatz für umfassende Strategien. Das bestehende Drogenrecht braucht nur in Detailfragen geändert zu werden

## Ausgangsthesen

Drogenpolitik ist kein eigenständiges Feld der Politik. Sie wird von allen Feldern der Politik beeinflußt und ist ihrerseits Teil dieser Felder. Keinem dieser Felder kommt ein Primat zu; keines dieser Felder kommt ohne das andere aus.

Politik ist an das Recht gebunden. Das Recht ist mehr als die Summe der geschriebenen Gesetze. Politik darf nur rechtmäßige Gesetze schaffen. Nicht alles, was Politik schaffen kann und schaffen will, ist Recht.

## Suche nach einem Ansatz

Die Behauptung, die gegenwärtige Situation auf dem Drogensektor sei Folge der Gesetzgebung, ist unbewiesen. Die Unzufriedenheit mit der Situation verführt zu der Annahme leicht nachvollziehbarer, darum aber nicht notwendigerweise richtiger Kurzschlüsse. Das Drogenproblem ist nicht nur ein Problem der Gesetzgebung; es kann daher auch nicht allein durch Gesetzgebung „gelöst" werden. Drogenpolitik darf indes auf gesetzgeberische Lösungsansätze nicht verzichten. Sie darf vor allem aber auch Gesetze nicht als Ersatz für umfassende Strategien verstehen. So wenig monokausale Erklärungsversuche dem Drogenproblem gerecht werden, so wenig sind auch monofinale Lösungsversuche erfolgversprechend. Es genügt nicht, nur die Drogenfreiheit des einzelnen betroffenen Individuums anzustreben; es genügt auch nicht, allein die Verfügbarkeit der Drogen einzudämmen und es genügt auch nicht, nur drogenpräventive Feldzüge zu stützen. Das Drogenproblem ist ebenso ein kollektives wie ein individuelles Problem. Gesetzgeberische Ansätze müssen dem Rechnung tragen, indem sie sowohl generell wirkende als auch individuell brauchbare Regeln vorsehen. Die kollektive Seite des Drogenproblems verlangt nach Abwehr von allgemeinen Gefahren, seien sie national oder international, abstrakt oder konkret; ein legalistischer Ansatz muß sich daher auch als Teil eines international konsensfähigen Konzepts der Drogenbekämpfung verstehen und artikulieren. Die individuelle Seite des Drogenproblems bedarf des Einsatzes aller individuell wirksamen Mittel zur Verbesserung persönlicher Lebenssituationen; die Auslassung auch nur eines möglicherweise wirksamen Mittels würde die Bereitschaft voraussetzen, persönliche Lebenskatastrophen tatenlos zu akzeptieren. Man darf nicht davon ausgehen, die vom Drogenproblem unmittelbar betroffenen Individuen seien durchweg auf eine bestimmte, planbare Weise zu beeinflussen. Ebenso falsch ist die Annahme, jeder Drogenabhängige könne und wolle durch Beratung und Therapie erreicht werden. Es gibt auch keinen allgemeingültigen „Königsweg" zur Lösung des Drogenproblems. Deshalb müssen auch weiterhin alle Kräfte mobilisiert werden, die etwas zur Verbesserung der Drogensituation generell oder im Einzelfall beitragen können. Eine Drogenpolitik, die auch nur auf einen möglichen Bekämpfungsansatz verzichtet, ist wie ein Gebiß, dem ein Zahn fehlt: man kann zwar trinken und auch noch kauen, aber nicht besser, sondern schlechter essen. Keine der beteiligten Disziplinen darf für sich in Anspruch nehmen, das Ganze zu überblicken oder abschließende Lösungen anbieten zu können. Drogenpolitik darf sich schließlich nicht auf Drogenkonsumenten beschränken. Sie muß – auch mit den Mitteln des Strafrechts – die überwältigende Mehrheit der Nichtkonsumenten beachten, die es zu schützen gilt: zu schützen auch vor der Aufnahme des bloßen Konsums.

Will Drogenpolitik mit dem Recht übereinstimmen, so müssen folgende Aspekte in sie einfließen:

- Drogenpolitik muß internationalen Konsens anstreben
- Drogenpolitik muß mit der innerstaatlichen Verfassungs- und Rechtsordnung übereinstimmen
- Drogenpolitik muß im innerstaatlichen Bereich mehrheitsfähig sein
- Drogenpolitik muß staatliche Schutzfunktionen erfüllen
- Drogenpolitik muß zugleich individuelle Gestaltungsfreiheiten respektieren
- Drogenpolitik muß den legalen Umgang, die legale Versorgung sowie wissenschaftliche Forschung mit Betäubungsmitteln ermöglichen

- Drogenpolitik muß präventiv, repressiv und therapeutisch ausgerichtet sein
- Drogenpolitik muß den ständigen Dialog aller mit Drogenproblemen befaßten einschließlich der Betroffenen fördern.

Für das Drogenrecht bedeutet das:

- Drogenrecht muß im Einklang mit internationalen Verpflichtungen und internationalem Recht stehen
- Drogenrecht muß als harmonisches Gefüge gesundheits-, sozial-, ordnungs-, straf- und verwaltungsrechtlicher Normen konzipiert werden
- Drogenrecht muß deshalb auch integrativer Bestandteil des gesamten Rechtssystems sein
- Drogenrecht muß kollektive und individuelle Gefahren abwehren
- Drogenrecht muß die ordnungsgemäße Versorgung mit Medikamenten sicherstellen
- Drogenrecht muß Strafen für sozialschädliches Verhalten vorsehen
- Drogenrecht muß die (Wieder)Eingliederung Abhängiger in ein sozial verantwortliches Leben ermöglichen.

Die bisherige Drogenpolitik – und damit auch das Drogenrecht – der Bundesrepublik Deutschland erfüllt diese vorgenannten Forderungen dem Grunde nach. Dies schließt nicht aus, daß es graduelle Verbesserungen geben kann, die nicht allein in der Macht des einzelnen liegen.

Für die Diskussion der Drogenpolitik ist es dabei wesentlich, daß die Beteiligten fair miteinander umgehen. Drogenpolitik nimmt unweigerlich Schaden, wenn Ausgrenzungen vorgenommen werden, die nicht sachlich begründet und sachlich ausgetragen werden. So sehr in politische Grundhaltungen auch politische Ideologie einfließt, so wenig ersetzt die Verdächtigung Andersdenkender als Veranstalter ideologischer Glaubenskriege eine sachbezogene Argumentation. Derartige Schlagworte dürfen insbesondere nicht dafür herhalten, die Auseinandersetzung mit abweichenden Sachargumenten zu umgehen. Nur die Bereitschaft zuzuhören und gegnerische Überlegungen kritisch mitzuverfolgen, kann ein ausgewogenes Konzept, das den Sachverstand aller beteiligten Disziplinen und aller gesellschaftlichen Kräfte berücksichtigt, entstehen lassen.

Gibt es Notwendigkeiten für die Änderung des geltenden Rechts?

Vorbemerkung: Gesetze stellen nur einen Teil der Rechtswirklichkeit dar. Sie bedürfen der Annahme durch die ihnen Unterworfenen sowie der Anwendung durch Exekutive und Judikative. Rechtsbefolgungswille und Rechtssicherheit können durch häufige Gesetzeskorrekturen untergraben werden, weil sich bestehende Normen nicht mehr im Bewußtsein des einzelnen verankern. Zudem besteht die Gefahr, daß häufige Wechsel in den Bestimmungen ein Gefühl der Unverbindlichkeit und Disposibilität des Norminhalts vermitteln. Die Unverbrüchlichkeit des Rechts darf andererseits nicht zum Blockadeinstrument werden. Kontinuität und Konstanz des Rechts müssen dort zurückstehen, wo veränderte Verhältnisse zu abweichenden Regeln nötigen.

1. Sollen Drogen freigegeben werden?

Die unter diese Fragestellung zu fassende Legalisierungsdebatte bedarf zunächst klärender Definitionen. Freigabe aller Betäubungsmittel im Sinne eines von keiner Seite kontrollierten und kontrollierbaren Umgangs mit allen bislang dem BtMG unterstellten Substanzen wird von niemandem ernstlich gefordert. Die Forderungen gehen vielmehr dahin, den absolut illegalen Bereich, also den Umgang mit Betäubungsmitteln nach Anlage I zu § 1 Abs. 1 BtMG, aufzulösen. Angesichts der hieraus folgenden Gefahren ungehinderter Ausbreitung der hier erfaßten Stoffe mit teils höchsten Gefahrenpotentialen (nicht nur des Suchtpotentials) ist eine solche Forderung abzulehnen. Es wäre auch nicht verständlich, wenn man legale Betäubungsmittel (Medikamente) einer Kontrolle unterwürfe, medizinisch wegen ihrer unvertretbaren Gefahren nicht einsetzbare Substanzen aber hiervon freistellen wollte. Daher könnte allenfalls an ein staatliches Vergabemonopol gedacht werden. Dies würde aber die Bereitschaft des Staates voraussetzen, einen Mißbrauch aktiv zu fördern, hinsichtlich dessen Verhinderung ein breiter gesellschaftlicher Konsens besteht. Überdies geriete der Staat in einen unauflöslichen Konflikt mit verfassungsrechtlich zugewiesenen Pflichtaufgaben (Gefahrenabwehr, Sozialstaatsprinzip usw.). Der Staat müßte gleichzeitig aus international verbindlich eingegangenen Verträgen aussteigen und sich damit international isolieren.

Die gleiche Argumentation gilt auch für die Freigabe einzelner Betäubungsmittel unter Beibehaltung einer Kontrolle für die übrigen. Die Herausnahme einzelner Stoffe aus dem Anspruch staatlicher Kontrolle ist daher abzulehnen. Es ist dem Staat von Rechts wegen verwehrt, die freie Verfügung über Substanzen zuzulassen, von denen nicht akzeptable Gefährdungen ausgehen. Er ist sogar eher verpflichtet, bislang nicht kontrollierte Stoffe staatlicher Kontrolle zu unterwerfen. Eine andere Frage ist die, ob es des Einsatzes aller zur Verfügung stehenden repressiven Mittel bedarf, das generelle Verbot des Umgangs mit bestimmten Stoffen durchzusetzen. Hier hat der Staat eine weitaus größere Entscheidungsfreiheit. In diese Richtung geht auch die häufig geäußerte Forderung nach Entkriminalisierung. Sie hat aber nichts mit Legalisierung zu tun, wenn man davon absieht, daß eine generelle Straffreiheit für bestimmte Beschaffungsdelikte auch aus den materiellen Verbotsnormen herausgenommen werden könnte. Da aber nicht daran gedacht werden kann, den Erwerb oder den Besitz von Betäubungsmitteln *grundsätzlich* zu erlauben, weil es der Kontrolle jedenfalls des Vertriebs bedarf, kann allenfalls über die Schaffung von Strafausschließungsgründen näher nachgedacht werden.

Argumente für Straffreiheit der Konsumentendelinquenz sind immer wieder im wesentlichen:

- bloße Selbstschädigung des Konsumenten
- Straftat ohne Opfer
- Kriminalisierung und Stigmatisierung einer Problemgruppe
- Wirkungslosigkeit gesetzlicher Bestimmungen bei Drogenabhängigen
- notwendige Folgedelinquenz
- pädagogische Bedenklichkeit nicht hinreichend nachvollziehbar gemachter Verbote
- Massenphänomen des Cannabismißbrauchs
- Straffreiheit des Alkoholgebrauchs
- Vergleichbarkeit mit straflosem Medikamentenmißbrauch.

Dem ist entgegenzuhalten:

- Konsumenten halten den illegalen Markt aufrecht
- Täter sind Opfer, die durch Suche nach neuen Opfern Täter werden, wobei gerade außerhalb des Handels peer-groups eine große Rolle spielen

– die betroffenen Personengruppen grenzen sich selbst bewußt ab; im Selbstfindungsprozeß brauchen sie Leitlinien, auch durch Strafvorschriften. Dies gilt auch zum Beispiel beim Fahren ohne Fahrerlaubnis oder ohne Versicherungsschutz

– Kriminalisierung ist zunächst ein abstrakter Begriff; das Gesetz sieht eine Reihe von Möglichkeiten vor, etwaige Verfahren ohne Strafe zu beenden

– gerade wegen der zu geringen Erreichbarkeit von Drogenkonsumenten auch durch präventive Arbeit und therapeutische Bemühungen bietet das Strafrecht oft den einzigen Weg zum Drogenkonsumenten und damit die einzige Chance zur Unterbrechung des Drogenkonsums (notfalls auch durch Haft)

– das Gesetz zielt nicht nur auf Drogenabhängige, sondern will präventive Wirkungen auch auf Nichtkonsumenten entfalten; es ist unbewiesen, daß dieses Ziel bei Nichtkonsumenten nicht erreicht sei

– nicht selten ist Drogenkonsum eine zusätzliche Form abweichenden Verhaltens bei anderer Primärdelinquenz, so daß klare Unterscheidungen zwischen primärer und sekundärer Delinquenz oft schwierig sind. Es besteht die Gefahr, daß abweichendes Verhalten bei Entkriminalisierung des Drogenerwerbs usw. später erkannt wird als bisher oder sich in anderen Formen der Delinquenz äußert

– pädagogische Mißerfolge in der Drogenprävention können nicht durch Abschaffung repressiver Methoden verhindert oder beseitigt werden

– Massendelinquenz in anderen Bereichen (jugendtümlichen) abweichenden Verhaltens (zum Beispiel Ladendiebstähle, Video- und Computerpiraterie, Verkehrsdelinquenz) kann für sich genommen nicht zur Abschaffung der entsprechenden Strafbestimmungen führen; sie muß vielmehr gerade die Anspannung *aller* Kräfte zur Überwindung einer massenweise auftretenden Fehlentwicklung nach sich ziehen

– auch bei übermäßigem Alkoholgebrauch greifen Strafvorschriften (zum Beispiel §§ 323a, 315c, 316 StGB); richtigerweise gehen die Bemühungen auch in die Richtung einer Eindämmung des Alkoholmißbrauchs

– die Ursachen des Medikamentenmißbrauchs sind in der Regel mit denen des Drogenmißbrauchs nicht vergleichbar; die epidemiologi-

schen Aspekte des Medikamentenmißbrauchs, der nahezu vollständig iatrogenen Ursprungs ist (Verschreibungen!), sprechen deutlich für eine Beibehaltung der Drogenprohibition.
Entscheidend ist der Hinweis, daß das geltende Rechtssystem eine Vielzahl von Vorschriften bereit hält, die im Einzelfall das Legalitätsprinzip durchbrechen können. Dies reicht bis zu Fällen von bereits beträchtlicher Schwere (vgl. § 37 BtMG). Ergänzend stehen Vorschriften für die Vermeidung von Strafvollstreckung zur Verfügung (§§ 35, 36 BtMG), selbst wenn die zugrundeliegende Handlung eines Drogenabhängigen nicht nach dem BtMG abgeurteilt wurde. Eine generelle Straffreiheitsnorm für Drogenkonsumenten kann daher nicht befürwortet werden.
Es kann nunmehr diskutiert werden, ob es für einzelne Drogen differenzierender Betrachtungen bedarf, weil unterschiedliche Gefährdungen zugrundegelegt werden. Die Prüfung läuft mithin auf die Frage einer Unterscheidung zwischen „harten" und „weichen" Drogen hinaus. Eine solche Unterscheidung könnte gesetzlich in differenzierenden Strafrahmen vorgegeben werden. Vorbild einer solchen Konzeption könnte das niederländische Opiumgesetz sein, das die Cannabisdrogen milder behandelt. Zunächst ist festzuhalten, daß eine Unterscheidung zwischen „harten" und „weichen" Drogen immer willkürlich ist. Ein festliegendes Gefährlichkeitsgefälle mit einer verläßlichen Skala, die die Gefahrenrelation einzelner Drogen zueinander ablesbar machen könnte, ist eine Fiktion. Bei einer Abstufung, die sicherlich notwendig ist, müssen Primär- und Sekundärfolgen bedacht werden. Wenn die Diskussion sich hier auf die Sonderstellung von Cannabisdrogen beschränkt, so ist auch das an sich willkürlich. Die Auswirkungen des Cannabismißbrauchs als eines Massenphänomens sind noch viel zu wenig erforscht, als daß bereits jetzt eine abschließende Unterscheidung von anderen Drogen erfolgen könnte. So sind zum Beispiel die Auswirkungen des Cannabismißbrauchs im Straßenverkehr abstrakt bekannt, aber nicht konkret erfaßt, weil nahezu ausschließlich nach alkoholischen Beeinflussungen gesucht wird. Das Gleiche gilt im übrigen auch für das weite Feld des Medikamentenmißbrauchs. Da immerhin die Abhängigkeitsgefahren bei Cannabis nicht so augenscheinlich sind wie bei anderen Betäubungsmitteln, mag der Frage unterschiedlicher Behandlung nachgegangen werden.

Voraussetzung für die Kopierung niederländischen Rechts wäre, daß eine Differenzierung nach geltendem Recht nicht ausreichend möglich wäre. Sowohl Gesetzgeber als auch Rechtsprechung halten eine genügende Unterscheidung jedoch für möglich. In der Tat gibt es zahlreiche gesetzliche Möglichkeiten, ein Strafverfahren auch bei Annahme der Schuld ohne Strafe zu beenden. Die immer wieder aufgestellte Behauptung, reine Cannabis-Konsumenten würden zu unvertretbar hohen Strafen verurteilt, ist bislang unbewiesen. Richtig ist, daß immer wieder Cannabis-Konsumenten auch Freiheitsstrafen verbüßen müssen. Dies ist indes bei wiederholten Cannabisverstößen nicht unbillig und entspricht dem geltenden Rechtssystem, wie es auch bei anderen Straftaten angewendet wird. Es wäre auch unlogisch, wollte man auf der einen Seite eine echte Abhängigkeitsgefahr bei Cannabiskonsum verneinen oder wenigstens als geringgradig einstufen und auf der anderen Seite die Verantwortlichkeit des Konsumenten für sein abweichendes Verhalten und damit auch für die strafrechtlichen Konsequenzen leugnen. Gerade bei Cannabis sind es die Konsumenten, die laufend Proselyten schaffen; gerade gegen den Cannabiskonsum sollte sich wegen seiner massenhaften Verbreitung die generalpräventive Stoßrichtung auch des Gesetzes richten. Mit einer Herabstufung der Konsumentendelikte zu Ordnungswidrigkeiten ließe sich dieses Anliegen nicht glaubwürdig vertreten, wie ein Vergleich mit den massenweise begangenen Verkehrsordnungswidrigkeiten belegt: je geringer die Androhung der Sanktion ausfällt, desto geringer ist auch der Rechtsbefolgungswille der Bevölkerung. Dem steht die hohe Dunkelziffer – wie bei anderen Delikten – nicht entgegen.

Zu fordern ist allerdings eine gleichmäßige Verfolgungspraxis, für die die Regierung die personellen und sächlichen Voraussetzungen zu schaffen hat. Die Unmöglichkeit dies (alsbald) zu tun, gibt keinen tauglichen Grund für gesetzgeberische Maßnahmen im Betäubungsmittelrecht.

Mithin sollte auch eine Strafrahmenkorrektur qua Gesetz unterbleiben. Das schließt nicht aus, daß die Justiz aufgefordert werden sollte, die abstrakte und die konkrete Gefährlichkeit einer Betäubungsmittelstraftat bei allen Entscheidungen sorgfältig zu würdigen.

2. Soll Methadon offiziell eingesetzt werden?

Da das geltende Recht die Vergabe/Verschreibung von Levomethadon (im folgenden kurz: Methadon) nur in Einzelfällen zuläßt, gilt die Frage einer Gesetzesänderung der Zulassung *allgemeiner* Programme. Soweit solche gegenwärtig durchgeführt werden, sind sie praeter legem. An dieser Stelle kann nicht die Methadon-Diskussion nachvollzogen und bewertet werden. Fest steht jedoch, daß Methadon kein Heilmittel gegen Abhängigkeit ist und daß es keinerlei präventive Wirkungen hat. Es kann daher den Schwarzmarkt mit illegalen Opioiden nicht austrocknen, sondern allenfalls anheizen: denn jeder Fixer im Methadon-Programm vermindert zunächst den illegalen Heroinabsatz, was alsbald durch offensive Marktstrategien ausgeglichen wird. Die Drogensituation hat sich in Ländern mit Methadon-Programmen nicht (wesentlich) verbessert: die Kriminalitätsrate gerade in Amsterdam ist wegen der Drogenabhängigen so hoch wie fast nirgends in Europa. Nebenkonsum anderer Stoffe, die von der Kreuztoleranz des Methadons nicht erfaßt werden (Kokain, Barbiturate, Amphetamin), ist stark verbreitet, in seiner Gefährlichkeit aber noch nicht erforscht. Beschaffungsprostitution bei HIV-Infizierten wird kaum beeinflußt, wobei die schwächende Wirkung von Methadon auf das Immunsystem zusätzlich zu Bedenken Anlaß gibt. Neben den wenigen bereits jetzt allgemein anerkannten Indikationen für die Vergabe von Methadon an Drogenabhängige, wäre eine Versorgung unter den das Arzneimittelrecht beherrschenden medizinischen Aspckten im Sinne einer ausschleichenden Entgiftung allenfalls vertretbar, wenn man damit zugleich eine umfassende medizinische Versorgung verbindet. Dies wird in aller Regel eine stationäre Behandlung voraussetzen, die aber gerade nicht angestrebt wird, weil die Zielsetzung eine „soziale" ist, die die Freiheit zum Mißbrauch des auf Dauerversorgung angelegten Programms einschließt. In letzter Zeit wird vor allem unter dem Stichwort der Aids-Erkrankung diskutiert, ob im Endstadium dieser Krankheit Methadongaben im Sinne einer solchen Versorgung zugelassen werden sollen. Es würde sich dabei immer um ein „Gnadenbrot" handeln, das dem Bemühen um Integration der Erkrankten auch zuwiderlaufen könnte. Solange der Betroffene am alltäglichen Leben der Gesellschaft teilnehmen kann, sollte seine Sonderstellung nicht durch Zuteilung von Suchtmitteln unterstrichen werden. Bei stationär behandelten Endzuständen käme

eine offizielle Methadonvergabe erst dann in Betracht, wenn die schädlichen Auswirkungen des Methadons auf das Immunsystem genauer erforscht sind. Derzeit sollte der Eröffnung eines solchen (allgemeinen) Weges widerstanden werden.
Insgesamt sehe ich weiterhin keinen genügenden Anlaß für die Zulassung allgemeiner Methadon-Programme.

3. Bedarf es einer Vorschrift über die Straffreiheit von Sozialarbeitern, die Klienten Drogen abnehmen?

Bislang ist kein Fall bekannt geworden, in dem ein Drogenberater bei einer solchen Fallkonstellation bestraft worden wäre. Allerdings befinden sich Drogenberater (ebenso Eltern, Lehrer, Erzieher usw.) immer wieder in der Situation, in den Besitz von Betäubungsmitteln zu gelangen und damit objektiv einen Straftatbestand zu erfüllen. Aus der Sicht des Betäubungsmittelrechts ist entscheidend, daß illegal gehandelte Drogen ihr Gefahrenpotential durch Vernichtung verlieren. Es könnte daher daran gedacht werden, den genannten Personenkreis unter bestimmten Voraussetzungen aus der abstrakten Strafdrohung herauszunehmen. Hierfür wäre erforderlich, daß die Betäubungsmittel entweder unter Anzeige an die Bundesopiumstelle sicher vernichtet oder den zuständigen Behörden übergeben werden. Eine rechtlich saubere Konstruktion wäre dem gegenwärtigen Zustand vorzuziehen, der letztlich auf eine Rechtfertigung im Sinne eines übergesetzlichen Notstands hinausläuft.

4. Bedarf der 7. Abschnitt des BtMG (Therapie statt Strafvollstreckung) der Korrektur?

Hinsichtlich der Strafvermeidung (§ 37 BtMG) ist festzustellen, daß die Strafverfolgungsorgane den Willen des Gesetzgebers zu wenig befolgen. Allerdings ist auch die Hürde für die Anwendung der Vorschrift (dreimonatige Therapie) oft deshalb so hoch, weil Anordnung und Vollzug von Untersuchungshaft eine Therapieaufnahme behindern. Es sollte daher in § 116 StPO (Haftverschonung) eine eigene Ziffer für Therapieweisungen unter Bezugnahme auf § 37 BtMG aufgenommen werden, wodurch vielleicht eine bessere Signalwirkung erzeugt würde. Das System der §§ 35, 36 BtMG funktioniert dagegen sehr gut. In der täglichen Praxis werden Hemmnisse, die ihre Ursache in der Bürokratie des Vollstreckungsverfahrens haben, immer weiter abgeschliffen. Schon deshalb ist vor Veränderungen im Sinne einer Rücknahme zu warnen. Vielmehr sollte darauf gedrungen werden, daß die Beteiligten noch enger zusammenarbeiten. Das schließt mit ein, daß Verbesserungen dort angebracht werden könnten, wo Lücken erkannt sind. So sollte die Aussetzung einer Unterbringung nach § 64 StGB, deren Vollstreckung zurückgestellt wurde, zur Bewährung in § 36 BtMG ausdrücklich geregelt werden, um den analogen Rückgriff auf § 67d Abs. 2 StGB überflüssig zu machen. Für die gerichtliche Zustimmung zur Zurückstellung der Vollstreckung (§ 35 Abs. 1 BtMG) sollte eine Anfechtung zugelassen werden, die bislang allgemein verneint wird. Da die Versagung der Zustimmung eine positive Entscheidung verhindert, sollte sie zugleich dem Begründungszwang unterworfen werden.

Hinsichtlich der Kooperation von Therapie und Vollstreckungsbehörde wird man weiterhin ohne gesetzliche Vorgaben nicht auskommen, so lange dieses Verhältnis der Zusammenarbeit noch immer nicht unbelastet von gegenseitigen Vorbehalten ist. So sollte die sogenannte Rückmeldepflicht auf jeden Fall beibehalten werden. Darüberhinaus sollte die Erstattung eines Abschlußberichts der Therapieeinrichtung an das Gericht verpflichtend vorgeschrieben werden. Für den Inhalt des Berichts sollte jedoch nur dasjenige gefordert werden, was für die gerichtliche Entscheidung über die Strafaussetzung zur Bewährung erforderlich ist: die sogenannten Rahmendaten der Therapie, wobei eine Verlagerung der Prognoseentscheidung vom Gericht auf die Therapieeinrichtung beziehungsweise die behandelnde(n) Person(en) vermieden werden muß.

Für die Anrechnung von Therapiezeiten auf die Strafe sollte eine klare Aussage getroffen werden, ab welchem Zeitpunkt die Anrechnung erfolgen kann. Als frühester Anknüpfungspunkt, der exakt festlegbar ist, wäre die Rechtskraft der gerichtlichen Entscheidung vorzusehen. Ferner könnte in § 51 StGB (Anrechnung von Untersuchungshaft usw.) auch geregelt werden, daß nachgewiesene Therapiezeiten, die von der Ausgestaltung her den Bedingungen in § 36 Abs. 1 Satz 3 BtMG entsprechen, auf die Strafe angerechnet werden können, soweit sie vor Rechtskraft der Entscheidung abgeleistet wurden.

5. Zeugnisverweigerungsrecht für Drogenberater und -therapeuten?

Nachdem das Bundesverfassungsgericht entschieden hat, daß insoweit von Verfassungs wegen kein Regelungsbedarf bestehe, mithin ein Zeugnisverweigerungsrecht nicht aus dem Berufsbild des Drogenberaters oder aus der Situation der Drogenberatung selbst folge, wird sich eine entsprechende Forderung an den Gesetzgeber nicht durchsetzen lassen. Hierfür wird es auch kaum ein wirklich praktisches Bedürfnis geben, weil Fälle, in denen es zur Androhung oder Anordnung von Zwangsmitteln zur Herbeiführung des Zeugnisses gegen den hier betroffenen Personenkreis kommt, extrem selten sind. Dort wo sie vorgekommen sind, hat sich durchweg erwiesen, daß das *Verfassungs*recht den Belangen der Strafrechtspflege Vorrang vor Individualinteressen einräumt. Die dafür notwendige Abwägung im Einzelfall obliegt in der entsprechenden Verfahrenssituation ohnehin jedem Staatsanwalt und jedem Richter.

6. Nur der Vollständigkeit halber sei erwähnt, daß weiter alle Anstrengungen unternommen werden müssen, um ein System zu schaffen, das dem illegalen *Drogenhandel die finanzielle Grundlage entzieht*. Hierzu bedarf es der Einführung einer Vermögensbeschlagnahme mit gleichzeitigen Beweiserleichterungen dafür, daß das Vermögen aus Drogenhandel stammt oder dafür vorgesehen ist.

7. Einer verbindlichen Klärung bedarf ferner die Frage der Zulässigkeit von *Spritzenaustauschprogrammen*. Eine vereinfachte Abgabe von Injektionsgerät an i.v. Drogenabhängige ist nicht vertretbar, wenn nicht zugleich gebrauchtes Injektionsgerät aus dem Spritzenkreislauf herausgezogen wird. Ein gesetzlicher Vorbehalt für Spritzenaustauschprogramme in Apotheken könnte hier eine Lösung darstellen.

Karl-Rudolf Winkler, Oberstaatsanwalt, Pfarrer-Kraus-Straße 9g, 5400 Koblenz-Arenberg
Seit 1973 Staatsanwalt bei der Staatsanwaltschaft Koblenz mit Schwerpunkt Betäubungsmittelstrafsachen; 1979 bis 1982 Referent im Ministerium der Justiz Rheinland-Pfalz; seit 1981 Oberstaatsanwalt, derzeit Abteilungsleiter bei der Staatsanwaltschaft Koblenz. Mitverfasser eines Loseblatt-Kommentars zum Betäubungsmittelrecht.